세상에 대하여
우리가
더잘 알아야 할
교양

62

지은이 소개

지은이 **남궁담**

남궁담 선생님은 충남 부여에서 태어났습니다. 단국대학교 국어국문학과를 졸업하고 고등학교에서 국어를 가르쳤습니다. 1987년 아동문학연구 동화 부문 신인상을, 2009년 창작동화 《철물 사러 오세유!》로 한국안데르센상 문학 부문 금상을 받았습니다. 지은 책으로는 《누가 빨간 소파를 옮겼을까?》 《철물 사러 오세유!》 《종이는 힘이 세다》 《지붕이 들려주는 건축이야기》가 있습니다.

세 상에 대하여
우리가
더잘 알아야 할
교양

남궁담 지음

62

아파트
최선의 주거 양식일까?

내인생의책

차례

들어가며 - 6

1. 맨 처음 아파트는 어디서 탄생했을까요? - 11

2. 건조한 사막에도 아파트가 있을까요? - 23

3. 근대적 아파트는 어떻게 탄생했을까요? - 33

4. 현대적 아파트를 고안한 사람은 누구일까요? - 49

5. 세계 여러 나라의 아파트는 어떤 모습일까요? - 63

6. 우리는 어떻게 아파트에서 살게 되었을까요? - 85

7. 이다음에 우리는 어떤 집에서 살까요? - 107

용어 설명 - 117

연표 - 121

더 알아보기 - 124

참고도서 - 126

찾아보기 - 128

※ 본문의 **굵은 글씨**로 표시된 단어는 117페이지 용어 설명에서 찾아보세요.

들어가며

여러분들은 지금 어떤 집에서 사나요? 마당 딸린 단독주택인가요? 아니면 하나의 건물에 여러 세대가 층층이 모여 사는, 그러니까 아파트나 연립주택 혹은 다세대 주택과 같은 공동주택인가요? 일일이 헤아려보지는 않았지만, 단독주택에 사는 사람보다 공동주택, 그중에서도 아파트에 사는 사람이 훨씬 많을 거예요. 실제로 우리나라 모든 주택의 약 60%가 아파트라는 통계가 있어요. 거기다 해마다 새로 지어지는 주택의 70%가 아파트이고요. 국토의 70%가 산이기 때문에 주택을 지을 수 있는 땅이 모자라거든요.

만일 우리나라에 공동주택이 존재하지 않는다면, 어떤 일이 벌어질까요? 많은 사람이 살 집을 구하지 못해 힘든 나날을 보내게 될 거예요. 정부는 지금보다 심각한 주택난을 해결하기 위해 전전긍긍하겠지요. 해마다 아파트를 몇만 채씩 지어 분양해도 주택난이 해결되지 않고 있는 사정을 헤아려 본다면 어떤 현상이 벌어질지, 여러분들도 어느 정도는 짐작할 수 있을 겁니다.

그런데 주택난으로 골머리를 앓고 있는 것은 우리나라만이 아니에요. 정도의 차이는 있지만 미국이나 중국처럼 넓은 땅을 가진 나라도 주택난을 겪어요. 다들 대도시에서 살고 싶어 하기 때문이고죠. 영토가 작아도 사람들이 전국 방방곡곡에 흩어져 산다면 주택난을 겪는 일은 일어나지 않을 거예요. 또 집값이 천정부지로 치솟지도 않겠죠.

이런 현상은 인류의 삶을 획기적으로 바꾸어 놓은 **산업혁명**과 매우 관련이 깊습니다. 18세기 중반에 영국에서 시작된 산업혁명은 미국·러시아 등 여러 나라로 퍼져나가 20세기 후반에 이르러서는 지구상의 거의 모든 나라에 영향을 미쳤어요. 산업혁명이 인류 사회에 일으킨 변화는 일일이 헤아리기 어려울 정도지만, 그중에서 가장 대표적인 것이 농업에 치중되어 있던 산업 구조를 공업 중심으로 바꾸었다는 점이에요. 그래서 이전까지는 농업으로 생계를 꾸려가던 농촌 사람들조차 일자리가 있는 공장을 찾아 도시로 몰려들었고, 도시로 모여든 수많은 노동자는 살 집을 구하지 못해 어려움을 겪게 되었지요. 이 문제는 개개인의 힘으로는 도저히 해결할 수 없는 일이었어요. 그래서 나라마다 사람들의 주거 문제를 해결하기 위해 골몰했습니다. 건축업에 종사하는 사람들은 한정된 땅에 되도록 많은 집을 짓는 방법을 궁리했지요. 그런 노력 끝에 찾아낸 방법이 바로 아파트와 같은 공동주택을 건설하는 것이었답니다. 그러니까 오늘날 우리에게 편리한 삶을 누리게 해 주는 아파트가 원래는 중산층을 위해 지은 집이 아니라 도시로 **이주**한 노동자들의 주거문제를 해결하기 위해 건설된 공동주택이었던 겁니다.

공동주택은 벽, 복도, 계단 그리고 기타 시설들을 여러 세대가 공동으로 사용하면서도 세대마다 독립된 주거생활이 가능하도록 설계된 주택이에요. 여기에는 아파트, 연립주택, 다세대주택 등이 포함돼요. 이중 가장 높이 지을 수 있는 집이 아파트랍니다. 주택으로 쓰이는 건물 1개 동 바닥 면적 합계가 660m²를 초과하고 층수가 4개 층 이하인 것은 연립주택, 건물 1개 동 바닥 면적 합계가 660m² 이하이고 높이가 4개 층 이하인 것은 다세대주택, 건물 1개 동 높이가 5개 층 이상으로 건설된 주택은 아파트로 분류해요.

아파트는 한정된 토지 위에 건물을 높이 올려 지을 수 있기 때문에 주택난을 해결하는 데 큰 역할을 합니다. 그래서 산업화에 뒤따른 주택문제를 해결하기 위해서 여러 나라에서 앞다투어 아파트를 짓기 시작했어요. 우리나라도 마찬가지로 아파트 건설 사업에 열을 냈지요. 도시의 공장에는 사람이 많이 필요했고, 농촌에서 일자리를 찾아 도시로 이주한 사람들에게는 살 집이 필요했거든요. 요즘은 도시는 물론 농촌에도 아파트가 빼곡하게 건설된 모습을 쉽게 볼 수 있습니다. 우리나라 전통가옥은 민속촌에나 가야 볼 수 있고, '집'이라 하면 제일 먼저 '아파트'가 떠오를 정도예요. 일부 특정 지역 아파트는 '부'의 상징으로 인식되기도 하지요.

그런데 미국이나 캐나다 같은 나라는 아파트를 저소득층을 위한 임대용 공동주택으로 분류해요. 우리식의 아파트는 **콘도미니엄**이라 부르고요. 회사에서 건설한 공동주택을 회사가 소유하고 있으면서 임대하는 공동주택을 '아파트', 개인에게 분양된 세대는 '콘도미니엄'이라고 구분해서 불러요. 그러니까 한 건물 안에 아파트와 콘도미니엄이 섞여 있기도 해요. 일본에서는 우리식의 아파트를 **맨션**이라고 부르지요. 우리나라에도 임대를 목적으로 건설된 아파트가 있지만, 대부분 아파트에는 중산층이 살고 있고, 많은 사람이 아파트를 살기 좋은 집으로 여기고 있어요.

또 하나 예를 들면 미국과 유럽 여러 나라에서는 시골에 지은 고급 주택이나 교외 별장 등을 '빌라'라 부르는데, 우리나라에서는 고급 연립주택뿐 아니라 보통 연립주택이나 다세대 주택에도 빌라라고 명명하고 있지요. 1980년대 고급 아파트를 지어 분양할 때 '맨션'이라는 명칭을 쓰기도 했는데, 원래 맨션은 커다란 저택을 가리키는 말이에요. 그런데 일본에서는 보통 수준의 아파트를 가리킬 때 '맨션'이라 하고, 우리나라에서는 공동주택을 가리키는 말로 썼어요. 호화로움을 연상시키기 위해 썼던 거지요. 요즘은 우리나라에서도 잘 쓰지 않지만요.

이처럼 나라마다 환경이 다른 만큼 공동주택에 대한 인식과 위상이 다르고 불리는 명칭도 제각각이랍니다. 인류 역사 속으로 한 걸음 더 들어가서 공동주택이 생긴 유래와 공동주택에 대한 여러 나라의 인식이 어떻게 다른지 살펴보면 아파트가 요즈음과 같은 형태로 진화하기까지 그렇게 당당하고 화려하며 사람들 삶에 긍정적인 의미만 있었던 것은 아니라는 점도 깨닫게 돼요. 이를테면 최초의 아파트라 불리는, 지금으로부터 약 2,000여 년 전 고대 로마 시대에 있었던 아파트인 인슐라는 로마의 부자들이 도시로 몰려든 노동자들로부터 임대료를 벌어들이기 위해 지은 주택이었다고 해요. 자신들은 도무스라는 널찍한 단독주택에 살면서 말이죠. 집을 돈벌이 수단으로 생각하고 지었으니, 제대로 짓기는 했을까요? 어쩌면 인슐라는 인류 최초의 아파트인 동시에 최초의 부실시공 아파트였을지도 몰라요.

맨 처음 아파트가 언제 어디에서 생겨나 나라마다 어떤 영향을 끼쳤고, 어떻게 진화해 왔는지 알아보는 일은 단순히 공동주택의 역사를 알게 되는 데만 그치지 않아요. 요즈음과 같은 형태의 아파트로 진화하기까지 세계 공동주택 역사는 물론이고 더불어 그동안 인류가 건설해 온 갖가지 주거 양식에 대해서 엿보는 기회도 될 거예요. 거기서 한 걸음 더 나아가면 앞으로 인류가 지향하게 될 주거 양식을 예측할 수 있는 시야를 갖게 될 수도 있겠죠. 나아가 주거 양식에만 국한되지 않고, 사회 구성원들의 요구와 바람이 어떤 식으로 변화해 왔는지 알 수 있을 거예요. 이제 인류가 건설해 온 공동주택의 역사 속으로 한 걸음씩 걸어 들어 가 볼까요?

맨 처음 아파트는
어디서 탄생했을까요?

아파트라는 말을 들으면 무엇이 떠오르나요? 도심에 빼곡히 들어찬 높다란 아파트,
단지를 이루고 있는 아파트의 내부로 들어가면 현대적이고 깔끔한 시설들이 마련되
어 있지요. 얼핏 생각해보면 아파트는 현대적 주거 양식의 대표주자인 것만 같아요.
그렇지만 우리가 더듬어 보기도 어려운 먼 과거에도 아파트가 있었습니다. 아득히 먼
옛날로 거슬러 올라가는 아파트의 기원, 함께 알아볼까요?

《벤허》라는 영화를 본 적 있나요? 예루살렘이 로마의 지배를 받았던 때를 배경으로 한 영화입니다. 영화의 배경은 **기원** 무렵, 로마가 부강해져 여러 나라를 지배하고 있을 때입니다. 주인공 '벤허'의 신분은 원래 예루살렘의 귀족이에요. 그런데 뜻하지 않은 일로 반역자로 몰려 전함에서 노를 젓는 노예가 돼요. 그때 벤허는 자기 집 건물 옥상에서 여동생과 함께 예루살렘에 부임한 새 총독의 시가행진을 구경하고 있었어요. 그런데 여동생이 옥상 난간을 잘못 짚어 거기 덮여있던 기왓장이 떨어지고 말아요. 순전히 낡은 기와를 잘못 건드려서 일어난 사고였지요. 그런데 기왓장이 하필 총독이 타고 있던 말에게 떨어졌고, 놀란 말이 발버둥 치는 바람에 총독이 땅에 고꾸라져 정신을 잃었지 뭐예요. 이 일 때문에 벤허 가족은 모두 반역 죄인으로 몰려 어머니와 여동생은 감옥에 갇히고 벤허는 노예가 되었답니다.

모든 길은 로마로 통한다.

이쯤에서 왜 영화 《벤허》 이야기를 꺼냈는지 눈치챘나요? 그 시절 로마에 높은 건물이 많았다는 걸 알려주고 싶어서예요. 건물 꼭대기에 덮여있던 기왓장이 떨어져서 말에 타고 있던 사람이 낙마 할 정도라면, 건물이 얼마나 높았던 걸까요? 3층, 아니 4층 이상은 되었겠죠? 즐비하게 늘어선 높은 건물에서 총독의 행렬을 구경하는 수많은 시민의 모습이 영화 스크린에 오랫동안 비쳐요. 그 정도로 로마 시가지에는 높은 건물들이 많았어요. 달리 말하면 그 시절 로마의 건축 기술은 높은 건물도 지을 수 있을 만큼 발달했던 거지요. 로마가 고대 시절부터 건축 기술이 발달했다는 것은 이미 잘 알려진 사실이에요. '모든 길은 로마로 통한다.'는 말이 생길 정도로 로마는 발전한 국제도시였어요. 그래서 많은 사람이 로마로 모여들었고, 로마 시내는 이주해 온 사람들로 넘쳐 납니다. 로마 시내에 밀집한 사람 중에는 일자리를 찾아 스스로 이주한 사람들도 있었지만, 식민지에서 강제로 끌려온 사람들도

▌ 고대 로마 제국의 항구도시 오스티아 안티카의 유적지에 남은 옛 건물의 흔적들.

많았어요. 이들은 주로 하루 단위로 일한 임금을 받아 살아가는, 지금으로 말하면 일용직 노동자들이었답니다. 그래서 좋은 집에서 살 형편은 되지 못했어요. 이 수요를 놓치지 않고 로마의 부자들은 이들을 상대로 주택 임대 사업을 벌이기 위해서 앞다투어 집을 지어요. 좁은 공간에 되도록 많은 집을 만들 수 있도록 건물을 최대한 높이 올려 지었는데, 대개는 4, 5층 높이였지만 7, 8층에 이르는 것도 있었다고 해요. 이것이 최초의 아파트라 일컬어지는 '인슐라'예요. 요즘으로 말하면 서민 임대 아파트 같은 거지요.

인슐라와 도무스

이 시절 로마는 부유한 나라였지만 빈부 격차도 심했어요. 인슐라는 부자들이 집 문제를 해결하지 못한 어려운 서민들에게 임대할 목적으로 지은 공동주택이기 때문에 살기 좋은 집은 아니었답니다. 그런데도 집이 필요한 사람이 넘쳐나 임대료가 만만치 않게 비쌌다고 해요. 도로와 닿아있는 1층에는 장사를 할 수 있게끔 가게를 만들고, 그 위로 층층이 거주용 주택을 만든 구조였으니까 오늘날 **주상 복합 아파트**와 같아요. 그런데 인슐라는 낮은 층보다 위층이 대우를 받는 요즘과 달리 높은 층보다 낮은 층이 더 대접을 받았어요. 그래서 낮은 층일수록 형편이 나은 사람들이 살고 높은 층일수록 형편이 어려운 사람들이 살았답니다. 왜 그랬을까요? 이 시기는 엘리베이터가 없을 때라서 위층에 사는 사람들은 매일매일 고생스럽게 계단을 오르내려야 했거든요. 그리고 높은 층일수록 불이 나거나 붕괴의 위험이 닥쳤을 때 대피하기도 어렵고, 물을 끌어서 대거나 길어 나르기도 어렵잖아요. 그래서 위층은 아래층보다 임대료가 저렴했다고 합니다. 오늘날에는 사는 형편에

▌오로지 침실 1개밖에 존재하지 않았던 인슐라의 단촐한 내부구조.

따라 거주지역이 나뉘어 빈민가라는 곳이 따로 존재하지만, 이 시기에는 사는 형편에 따라 거주하는 층이 자연스럽게 나뉘었던 거지요.

인슐라 내부는 어땠을까요? 대부분 침실 1개로만 이루어진 원룸이었고, 주방이나 상하수도 시설도 갖춰져 있지 않았대요. 그래서 화장실과 우물 등을 공동으로 사용해야 하는 불편을 겪었답니다. 주방이 없어서 조그만 화로 하나로 끼니를 해결하거나 공동 화덕을 사용해야 했고 심지어 주방과 화장실이 한 곳에 있는 경우도 있었어요. 그러니 인슐라에서 하루하루를 살아가는 사람들 삶이 얼마나 고달팠을까요?

그렇다면 로마의 부자들은 어디에서 살았을까요? 로마의 부자들은 가족들끼리 널찍한 단독주택에 살았어요. 마당 한가운데에 정원이 있는 이런 집을 도무스라고 해요. 도무스 한가운데에 있는 정원은 아트리움이라고 부르

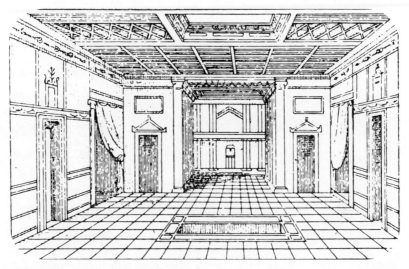
도무스 내부 아트리움의 상상화.

는데, 주로 남자 주인이 손님을 대접하는 공간으로 쓰였어요. 아트리움 좌우에는 침실과 담화실이 있고, 가운데에는 빗물을 받아두는 수조가 있었다고 합니다. 앞으로 로마 시대를 배경으로 한 영화를 볼 기회가 있다면 주의 깊게 살펴보세요. 로마 귀족들이 살았던 집 구조가 어땠는지 잘 이해할 수 있을 거예요. 그런데 이런 도무스가 임대 목적으로 1층은 상업용, 위층은 주거용으로 개조되는 경우도 많았다고 해요. 임대료를 많이 받기 위해서 무리하게 층을 올리는 일도 비일비재했는데, 높이가 7, 8층에 이르는 것도 있었던 까닭이 바로 이 때문이래요. 요즘 우리나라 대학가나 전철역 주변에 임대용 원룸 건물들이 많이 생기는 것과 비슷하지요. 기록에 의하면 그 무렵 로마에는 도무스가 1,800여 채, 인슐라가 46,000여 채 정도 있었다고 하니까 고대 로마 시내에 인슐라가 가득했다고 해도 지나친 말이 아니겠죠?

로마를 덮친 대화재

로마 시가지에 빼곡했던 인슐라는 부자들이 임대료를 벌기 위해 마구잡이로 만든 집이었던 만큼 문제점도 많았어요. 안전문제를 꼼꼼하게 따지지 않고 무리하게 증축하는 일이 많아서 건물이 붕괴하는 사고가 빈번했다고 해요. 또 좁은 시내에 되도록 많은 집을 지으려고 촘촘하게 붙여 건설했기 때문에 건물과 건물 사이 공간이 무척 좁았어요. 외벽은 벽돌과 콘크리트가 주재료였지만 층과 층 사이는 나무로 되어 있었답니다. 그래서 불이 났을 때 굉장히 빠른 속도로 불이 번져 나갈 염려가 있었어요. 실제로 그 시절 로마에는 빈번하게 화재가 발생했는데, 서기 64년에 일어난 대화재로 시내의 절반이 타버린 일도 있었답니다. 불이 시작된 곳은 로마의 대경기장 관중석 아래에 있던 상가였대요. 그런데 때마침 강풍이 불어 걷잡을 수 없이 번졌나봐요. 순식간에 경기장 밖 시가지에 늘어선 건물에까지 옮겨 붙은 불이 일주일 동안이나 꺼지지 않았대요. 강풍이 부는 데다 집들이 다닥다닥 붙어 있었으니 불길이 얼마나 사납게 번져 나갔을지 생각만 해도 끔찍하지요?

불은 일주일 만에 로마 시내를 잿더미로 만들었다고 해요. 그런데 큰불이 난 덕분에 로마 건축은 오히려 한층 더 발전했어요. 도시를 재건하는 과정에서 황제가 몇 가지 엄격한 건축법을 만들었거든요. 당시 황제는 화재가 났을 때 로마 시내에 없었다는 이유로 불을 지른 사람이라는 오해를 받았던 네로였어요. 네로 황제는 위기를 기회 삼아 로마를 세계 최고 도시로 만들겠다는 계획을 세웠다고 해요. 로마 시가지를 질서정연하게 네모난 **격자형**으로 만들고 시내 전체에 상하수도 시설과 소방도로를 확충했어요. 불에 타기 쉬운 목재를 건축자재로 쓰는 것을 금지하고 대신에 벽돌이나 석재를 쓰도록 했

사례탐구 로마와 우리나라의 방화대책

네로 황제는 화재를 대비해 다음과 같은 건축법령을 공포했습니다.
1. 건물 높이는 최고 70ft(약 21m)로, 그 이상은 짓지 않는다.
2. 옆 건물과는 10ft(약 3m) 이상 거리를 둔다.
3. 공동주택에는 반드시 빈터를 둔다.
4. 공동주택에는 불이 났을 때 다른 층으로 피신할 수 있도록 반드시 발
   코니를 설치한다.

한편, 우리나라 궁궐에도 화재를 대비한 시설물이 있습니다. 우리나라 전통가옥은 주 건축 재료가 불에 타기 쉬운 목재입니다. 왕족이 사는 궁궐도 마찬가지입니다. 그래서 우리나라 궁궐

▌ 궁궐 등 우리나라 전통가옥의 사방에는 화재를 예방
   하기 위해 드므를 놓았다.

에는 중요한 건물 앞에 불이 났을 경우를 대비해 물을 담아 둘 수 있는 커다란 항아리를 설치했습니다. 지금도 경복궁의 근정전이나 창덕궁 인정전에 가면 물을 담아 둘 수 있는 청동 항아리, '드므'를 볼 수 있습니다. 하지만 궁궐의 중요한 곳마다 '드므'를 설치해 둔 것은 실제로 불이 났을 때, 드므에 담긴 물이 방화수 구실을 할 거라는 믿어서라기보다 화마가 다가오다 물에 비친 자신의 흉악한 얼굴을 보고 놀라 도망갈 거라는 믿음이 있어서라고 합니다. 그러니까 '드므'는 실용적인 쓰임보다 상징적인 의미가 강한 것입니다.

▌ 네로 황제가 지은 도무스 아우레아의 폐허. 로마의 관광명소로 유명한 콜로세움은 이 궁전
의 인공호수를 메운 자리에 지어졌다.

고요. 건물과 건물 사이는 불이 나더라도 쉽게 번지지 않도록 3m 이상 떨어
지도록 했고, 불이 났을 때는 재빨리 옆집이나 아래 집으로 피할 수 있도록
각 세대에 반드시 **발코니**도 만들도록 했지요. 네로 황제가 만든 이 법은 인
류 최초의 건축법이라 할 수 있는데, 현재까지도 우리나라는 물론 세계 거의
모든 나라에서 적용하고 있답니다. 하지만 정작 이 법을 만든 네로 황제는
머지않아 황제의 지위를 잃고 말아요. 로마를 재건한다는 명분으로 자신을
위한 궁전, 도무스 아우레아를 지으면서 넓은 인공호수와 정원까지 만드는
둥, 사치를 일삼다가 민심을 잃었거든요.

　이처럼 인슐라는 지금으로부터 2,000여 년 전에 생겨났지만, 이후에 지속
적인 발전을 하지는 못했어요. 앞서 설명했듯이 로마에 인슐라가 생기게 된

까닭은 로마 시내로 너무 많은 사람이 이주해 왔기 때문이거든요. 한정된 도시 안에 사람들이 넘쳐 나지 않았다면 그렇게 많은 공동주택이 생길 턱이 없죠. 로마제국이 쇠망의 길로 접어들고 유럽도 함께 암흑기에 접어들자, 인슐라도 점차 사라지게 돼요. 중세 유럽의 도시들은 농지로 둘러싸인 성채도시였기 때문에 로마제국처럼 국제도시로 성장하지 못했고 인구도 몰려있지 않았어요. 그래서 인슐라는 쓸모를 잃고 다른 중세 도시들로까지 확대되지는 못했답니다.

생각해 보기

로마에 대화재가 일어나지 않았다면 네로 황제가 기독교인을 박해하는 일은 일어나지 않았을까요? 서기 64년 7월 18일 로마에 대화재가 일어났을 때, 네로 황제는 로마 인근에 있는 도시, 오스티아에서 휴가를 즐기고 있었어요. 화재 소식을 듣고 황제는 급하게 로마로 돌아와 참사를 수습하는 노력을 하지만, 일주일 동안 계속된 재앙에 성난 민심은 수그러들지 않았답니다. 그런 와중에도 네로 황제는 자신을 위한 궁전, 도무스 아우레아도 지어요. 그런데 궁전을 얼마나 사치스럽게 지었던지 이 또한 시민들의 원성을 샀습니다. 급기야는 불을 지른 사람이 황제라는 소문까지 나돌며 혼란은 극에 달하죠. 그러자 네로 황제는 민심을 되돌리기 위해 당시 신흥종교였던 기독교도들을 희생양으로 삼고 책임을 덮어씌우고, 예수의 열두 제자와 그 외의 많은 기독교인을 학살하기까지 해요.

만일 화재가 일어나지 않았다면 네로 황제가 기독교인들을 박해하는 일은 생기지 않았을까요? 또 폭군이자 정신이상자라는 낙인도 찍히지 않았을까요?

간추려 보기

- 최초의 아파트, '인슐라'가 로마에 생기게 된 것은 국제도시로 성장한 로마 시내로 많은 사람이 일자리를 찾아 모여들기도 하고, 로마가 주변의 여러 나라를 정복하고 많은 포로를 노예로 부리기 위해 강제로 끌고 와 로마 인구가 폭증했기 때문이다.
- 고대 로마에 있었던 인슐라는 요즘으로 말하면 서민 임대 아파트이자 주상 복합 아파트였다.
- 인슐라는 부자들이 서민들을 상대로 임대료를 벌어들일 목적으로 지은 집이기 때문에 부실하게 지어진 것이 많고 내부 주거환경도 열악했다.
- 인슐라가 사라진 것은 로마의 국력이 약해지면서, 도시로 유입될 인구를 확보하지 못했기 때문이다.

건조한 사막 도시에도
아파트가 있을까요?

피라미드라는 건축물을 알고 있나요? 고대 이집트에서 건설한 왕의 무덤입니다. 사람들이 우스갯소리로 하는 말로, 이집트에서 피라미드를 만들었을 당시, 북유럽에서는 아직 매머드가 돌아다니고 있었다는 말이 있어요. 그 정도로 먼 옛날에, 이집트는 지금도 만들기 힘든 건축물을 다수 남겼어요. 이집트나 예멘의 사막 도시에 있는 고대 건축물은 지금 봐도 놀라운 기술을 자랑합니다.

나일강의 선물 이라는 말을 들어 본 적 있나요? **나일강**변에서 문명

의 씨앗을 틔워 전 세계로 퍼트린 이집트를 두고 이르는 말이랍니다. 이집트는 아프리카 대륙 북동부에 있는 나라로, 정식 국가 명칭은 '이집트아랍공화국'이에요. 우리에게는 고대 세계의 7대 불가사의 중 하나인 **피라미드**와 **파라오**, **스핑크스** 등으로 잘 알려진 나라이지요. 지금으로부터 약 5천

▌ 고대 이집트 벽화에 그려질 정도로, 나일강의 역할과 영향력은 지대했다.

년 전 무렵, 나일강 주변에서 농경 생활을 시작하며 고대문명을 탄생시킨 나라라는 것도 알고 있을 거예요. 우리가 이집트 하면 먼저 떠올리는 유적과 유물들은 모두가 고대 시절에 이룩한 것들입니다. 이집트가 그렇게 멀고 먼 옛날에 문명의 싹을 틔워 오늘날까지 훌륭하게 가꾸어 올 수 있었던 것은 이집트 한가운데를 지나는 나일강이 있었기 때문이래요. 대체 나일강이 어떤 역할을 했던 걸까요?

홍수가 나길 바라던 이집트

나일강은 해마다 6월에서 9월 사이에 범람한다고 해요. 그런데 고대 이집트인들은 강물이 넘치는 것을 두려워하지 않고 오히려 간절히 바랐어요. 이집트는 나일강을 벗어나면 주변이 온통 메마른 사막이거든요. 그래서 나일강 물이 흘러넘쳐 건조한 주변 땅을 충분히 적셔 주길 바랐던 거예요. 나일강이 얼마나 범람하느냐에 따라 이집트인들의 삶이 풍요로워지기도 하고, 힘들어지기도 했다고 합니다. 이집트인들이 나일강 수위를 얼마나 중요하게 살폈는지는 나일로미터를 만든 것만 봐도 알 수 있어요. 이집트인들은 나일강물이 나일로미터에 어느 정도 차오르느냐에 따라 그해 삶을 예측할 수 있었대요. 나일강에서 흘러들어온 물이 나일로미터 눈금 8미터쯤까지 차오를 때, 이집트인들의 삶이 가장 풍요로웠다고 해요. 지금처럼 기계 문명이 발달하지 않았던 고대 이집트인들에게 나일강의 수위는 더 말할 나위 없이 소중하게 살펴야 했던 관심거리였던 거예요. 그 시절은 오로지 자연 기후에만 의존해서 살았을 테니까요.

이제까지 발견된 유적 이외에도, 이집트의 나일강 주변에서는 훌륭한 문

▌ 이집트에서 나일강의 수위를 재기 위해서 지은 나일로미터. 내부 중앙에 세워진 큰 기둥이 자의 역할을 해서, 수위를 잴 수 있게 설계되어 있다. ⓒBaldiri

화유산들이 속속 발견되고 있다고 해요. 그래서 이집트는 '살아있는 인류 문명의 거대 박물관'으로 불리기도 하지요. 파라오가 절대 권력을 갖고 백성들을 다스리던 고대에도 굉장히 번성한 나라였지만, 그리스와 로마 시대를 거쳐 중세에 접어들었을 때도 큰 번영을 누렸어요. 특히 오늘날 이집트의 수도가 된 카이로는 중세 이슬람 문명의 통로 구실을 하며 크게 번창했어요. 고대 시절에 '모든 길은 로마로 통한다.'는 말이 있었다면, 중세에는 '세상의 모든 길이 카이로로 통한다.'는 말이 생길 정도로 카이로는 큰 도시였어요. 카이로가 그렇게 큰 도시가 될 수 있었던 것도 나일강 덕분이랍니다. 아프리카, 아시아, 유럽 세 대륙에 둘러싸인 지중해까지 닿아있는 나일강이 카이로 도심 한가운데에 흐르고 있기 때문이에요. 그래서 카이로는 사막 도시였음에도 곡물이 충분했을 뿐 아니라, 이웃 대륙의 여러 나라와 물품을 사고

팔기에도 매우 유리했어요. 지금도 카이로는 **아랍 세계**와 **이슬람 세계**에서 손꼽히는 큰 도시지만, 중세 시절에 누렸던 번영에는 미치지 못한다고 해요. 유럽과 아프리카까지 점령하며 큰 힘을 뽐내던 로마 제국이 힘을 잃어가자 이민족들의 침입도 빈번해졌어요. 또 로마 지배하에 있던 많은 나라가 독립하는 과정을 겪으면서 유럽 여러 도시가 폐허가 되었고 인구가 급격하게 줄어들어요. 반면에 카이로는 상업과 교역의 중심지가 되면서 세계적인 국제도시로 성장한답니다.

중세 이집트에 아파트가 있었다고?

큰 도시로 성장한 만큼 유입된 인구도 많았겠죠? 이제부터는 그 시절에 카이로에 모여든 사람이 얼마나 많았는지를 증명해 주는 아파트 얘기를 해 볼게요. 서기 10세기 무렵 카이로에는 높이가 7층에 이르는 아파트에서 수백 명이 살았다는 기록이 있어요. 하지만 안타깝게도 기록만 전할 뿐 건물이 남아 있지는 않아요. 피라미드 같은 고대 시절 유적은 남아 있는데, 중세 시절 건축물은 남아 있지 않다니, 믿어지지 않을 수도 있을 거예요. 그렇다면 이렇게 생각해 보세요. 피라미드나 스핑크스 같은 건축물들은 그 시절 절대 권력을 누렸던 파라오가 자신의 영생을 위해 엄청난 공을 들여 건설한 것들이잖아요? 보통 사람들이 살기 위해 지은 집이 1,000년이란 시간이 흐른 뒤에도 온전히 남아 있기를 바랄 수는 없는 일이에요. 지금 우리가 사는, 현대 건축 기술이 집약된 아파트도 수명이 30~40년에 불과하거든요. 그래도 엘리베이터도 없던 시절, 그것도 지반이 사막인 도시에 그렇게 높은 건물이 있었다는 게 참 놀랍죠? 하지만 이게 다가 아니에요. 11세기에는 다른 사막 도시에 14

층 높이에 이르는 아파트가 있었다는 기록도 있어요. 그뿐 아니라 건물 지붕에는 정원이 있고, 그곳에 물을 대기 위해 소가 끄는 물레방아도 있었다고 합니다.

집중탐구 피라미드

▌ 기자에 있는 쿠푸왕의 대피라미드는 기원전 2560년에 건설된 것으로 추정된다.

피라미드라고 하면 이집트에 있는 피라미드만을 생각하기 십상이지만, 사실 피라미드라는 말이 포괄하는 범위는 좀 더 넓습니다. 도형을 공부할 때 피라미드 모양이라는 말을 들어본 적이 있지요? 그처럼 넓은 밑면이 하나의 꼭지점으로 모이는 형태를 한 건축물을 통틀어 피라미드라고 칭합니다. 이집트의 피라미드만이 아니라, 마야 문명의 치첸 이트사, 아즈텍의 제단 등이 피라미드로 분류되기도 해요. 이렇게 아래가 넓고 위가 좁은 형태의 건축물은 무게중심을 아래로 배치해서 매우 안정적으로 서 있을 수 있습니다. 그래서 역사적으로 대형 건축물을 건설할 때 자연스레 이러한 형태를 취했지요.

그런데도 피라미드라는 말을 들으면 다들 이집트의 피라미드를 떠올리는 것은 그 규모와 건축기술이 빼어나기 때문입니다. 쿠푸왕의 대피라미드는 무려 146m에 달하며, 기하학적으로 완벽한 모습을 갖추고 있어요. 인류는 피라미드 이후로 거의 4천년 가까운 시간 동안, 이보다 높은 건물을 짓지 못했답니다.

사막에 우뚝 선 성곽도시

이래에 있는 사진을 한번 보세요. 아라비아반도 예멘에 있는 도시, 시밤의 정경이랍니다. 주변이 온통 사막으로 둘러싸인 곳에 높은 건물들이 들쑥날쑥하고 촘촘하게 들어차 있지요? 건물들이 다닥다닥 붙어 있는 게 언뜻 보면 실제 건물이라기보다 모형처럼 보여요. 자세히 살펴보면 빼곡하게 모여 있는 건물 맨 가장자리에는 성곽이 둘러싸고 있다는 걸 알 수 있을 거예요. 이곳 시밤이 '성곽도시'라고 불리는 이유랍니다.

시밤에 빼곡한 건물들은 먼저 목재로 집 뼈대를 만든 뒤 바깥에 굽지 않은 진흙 벽돌을 쌓아 건설한 아파트들이에요. 그것도 모두 5층 이상 높이로 지어진 것들이지요. 이 중에는 16층짜리도 있는데, 더욱 놀라운 것은 16세기 무렵에 지어진 것들이라는 거예요. 자그마치 약 500여 년 전에 지어진 아파

▌ 아라비아 예멘의 성곽도시 시밤을 내려다본 모습.

트들인 거죠. 그런데 더 놀라운 일도 있어요. 현재 남은 400여 채의 아파트에 아직도 7천여 명의 사람들이 살고 있다는 겁니다. 진흙 벽돌은 건물 하중을 견디기 어려운 재료이기 때문에 2층 이상 높이로 건물을 올리기가 무척 어려워요. 그래서 건축기술이 발달한 오늘날에도 벽돌집이 5층 이상인 것은 보기 힘들지요. 그런데 철근도 넣지 않고 오직 진흙 벽돌로만 지어진 건물들이 어떻게 그렇게 오랜 시간을 견디며 무너지지 않고 있을까요? 이 문제는 현대 건축가들도 풀어내지 못하고 있다고 해요. 이 지역의 진흙이 매우 강하고, 벽돌을 만들 때 진흙 속에 뭔가를 넣어 더욱 단단하게 했으리라 추측할 뿐이래요.

생각해 보기

땅은 건물 무게를 얼마까지 견딜 수 있을까요? 현대 공학자들 말을 빌리자면, 100년에 15cm 정도 가라앉는 땅이라면 고층 건물을 지어도 괜찮다고 합니다. 서기 1,800년에 완공된 미국 국회의사당 부지는 200년간 약 5cm 정도가 가라앉았다고 해요. 그런데 사막 한가운데 서 있는 피라미드는 4,500년 동안 겨우 1.25cm만 내려앉았다는군요. 피라미드가 왜 고대 세계의 7대 불가사의로 손꼽히는지, 저절로 고개가 끄덕여지지요?

시밤의 진흙 벽돌 아파트는 언제까지 보존해야 할까요? 지은 지 500년이나 된 아파트에 아직도 사람들이 사는 걸 어떻게 생각해요? 아무리 무너지지 않고 잘 견디어 온 아파트라 할지라도 지금 혹은 앞으로 사는 사람들도 언제까지고 문제가 없으리라 장담할 수는 없습니다. 지금까지는 괜찮았지만 앞으로도 안전할 거라는 보장이 없는데, 이곳을 허물고 새 건물을 지어야 하지 않겠느냐고 염려하는 사람들도 있어요. 여러분들 생각은 어떤가요?

굽지 않고 말리기만 한 진흙 벽돌이 무너지지 않고 500여 년을 견디고 있다는 건 정말 놀라운 일이에요. 아무리 비가 자주 오지 않는 사막 기후의 도시라고 해도 가끔은 비가 내릴 텐데 말이에요. 비가 내릴 경우, 진흙 벽돌에 빗물이 스며들지 않게 하려고 어떻게 했을 것 같아요? 외벽에 모두 하얀 회반죽을 덧발랐다고 해요. 하얀 회반죽은 빗물이 벽돌에 스며들지 않게 해주는 역할도 했지만, 뜨거운 햇빛을 반사해, 집 안 온도가 올라가는 걸 막아주는 역할도 했다니, 참 좋은 생각이죠?

시밤에 가 본 사람들은 고층 건물들이 빼곡한 이곳을 보고 세계에서 고층 건물이 가장 많이 모여 있는 도시, 맨해튼을 떠올리기도 한대요. 그래서 이곳을 '사막의 맨해튼'이라고도 부른답니다. **유네스코**는 세계 어느 곳에서도 보기 힘든 시밤의 독특한 정경이 오래 보존될 수 있도록 하기 위해서 1982년에 세계문화유산으로 정하기도 했어요.

간추려 보기

- 이집트가 사막 국가임에도 농사에 큰 어려움이 없었던 것은 해마다 나일강이 범람하여 주변 사막 땅에 충분한 물을 공급했기 때문이다.
- 중세 시절 이집트 카이로가 상업과 무역이 활발한 국제도시가 될 수 있었던 것은 카이로에 흐르는 나일강이 아시아, 아프리카, 유럽을 잇는 도로와 같은 역할을 해 주었기 때문이었다.
- 예멘의 사막도시 시밤에는 현대기술로도 재현할 수 없는 놀라운 고층 아파트가 남아있다.

3

근대 아파트는 어떻게
탄생했을까요?

중세를 지나, 근대 태동기에 이르면 드디어 우리가 생각하는 근대적인 아파트가 등장하게 됩니다. 회색조의 콘크리트로 지어진 건물들이지요. 왜 우리는 아파트에 살게 되었을까요? 주거 양식으로서의 아파트를 필요로 했던 사회적, 경제적인 맥락을 추적해 봅시다.

아파트 하면 우리가 떠올리는 그런 근대적인 건물은 언제 나타났을까요? '인슐라'라는 이름으로 고대 로마 시대에 처음 생겨난 아파트는 중세 유럽에서는 큰 발전을 이루지 못했어요. 중세 유럽에는 고대 로마만큼 인구가 많은 대도시가 적었기 때문이에요.

아파트 르네상스

인슐라와 같은 형태의 집들은 도시가 다시 커지기 시작한 **르네상스** 시대에 이르러서야 활기를 띠어요. 하지만 이 무렵의 공동주택들은 엄격하게 말해서 아파트라고 말하기 어렵답니다. 아파트라면 '여러 층'과 '여러 세대'라는 조건을 갖추고 있어야 하거든요. 그런데 르네상스 시대에 생긴 주택들은 '여러 층'에는 해당하였지만 '여러 세대'가 아닌 건물이 많았어요. 한 건물에 '층이 여럿이고 많은 세대가 함께 사는' 공동주택이 유럽에 다시 등장한 것은 17세기, 프랑스의 루이 14세 때랍니다. 아쉽게도 이 시기에 지어진 건물이 남아 있지는 않지만, 기록에는 1층은 상가고 그 위로 3개 층 정도에 여러 세대가 사는 형태의 건물들이 있었다고 해요. 인슐라처럼 한 층 공간을 여러 개로 나누어 세를 주는 형태였는데, 이것을 근대적 아파트의 효시로 봐요. 이런 형태의 건물은 18세기가 되면서 더욱 발전해요. 루이 15세 때에 다일리라는 건축가가 건물을 지어 분양했는데, 이 일이 계기가 되어 파리 시내에는 많은 아파트가 지어졌다고 해요. 그래서 19세기 파리는 '아파트 전성시대'를 누리게 됩니다. 파리의 **부르주아**들이 아파트를 건설하는 일에 자신들이 번 돈을 투자한 결과였지요.

시민혁명과 파리 개조 사업

프랑스는 **시민혁명** 이후에 상업이나 수공업에 종사하여 많은 돈을 번 계층이 생겨났어요. 이들이 부르주아입니다. 부르주아들은 자신들의 사업을 더 크게 번창시키기 위해서 많은 노동력이 필요했어요. 시민혁명 때 해방된

▌ 파리 개조 사업으로 지어진 전형적인 아파트. 오스만 양식 건물이라고 불린다.

농노들은 일자리가 필요했고요. 일자리가 있는 도시로 농노들을 불러들이기 위해서는 이들이 정착해서 살 수 있는 집들이 있어야 했고, 때마침 부르주아들은 자신들이 번 돈을 투자할 곳이 필요했지요. 파리 곳곳에 아파트가 속속들이 생겨나는 동안 프랑스는 오래되어 낡고 어두운 느낌을 주는 도시를 새롭게 바꾸어 보겠다는 계획을 세워요. 이 사업을 '파리 개조 사업'이라고 해요. 당시 파리의 시장이었던 오스만 남작이 주도한 사업이었습니다.

프랑스 부르주아들은 자신들이 번 돈을 투자할 대상으로 꼭 아파트와 같은 부동산만 생각하지는 않았어요. 그들은 디자인처럼 형체가 없는 가치에도 관심이 많았는데, 때마침 세워진 '파리 개조 사업' 계획이 부르주아들의 관심과 딱 맞아 떨어져요. 파리 개조 사업은 복잡하고 낡은 도시를 질서정연하게 바로잡아 도시 풍경을 훌륭하게 탈바꿈시키겠다는 것이 주목적이었거든요. 그래서 건물 한 채를 짓더라도 도시 전체 풍경을 거스르지 않도록 했어요. 덕분에 파리 시내는 보기 좋은 경관을 가진 도시로 거듭나게 됩니다. 무수히 건설된 아파트는 파리 시내가 그렇게 변화하는 데 크게 이바지했어요. 지금도 파리 시내를 채우고 있는 아파트 중에는 이 시기에 건설된 것들

전문가 의견

건축은 생활, 형태, 색채, 주변의 세계와 그 주택에 관한 기억 등을 '배제하는' 것으로서가 아니라 '포함하는' 것으로서 보아야 할 것이다.

– 찰스 무어

▎ 파리 개조 사업은 초기에는 예산의 낭비라며 비난을 받기도 했지만, 오페라 가르니에 등
역사에 남을 건물들을 남기고 '꽃의 도시' 파리의 바탕을 다졌다.

이 많아요. 그 중엔 실제로 사람이 살고 있는 곳도 많은데, 그곳에 사는 사람들은 오래된 건물에 사는 걸 불편하게 생각하지 않고 도리어 뿌듯하게 여긴다고 해요. 만일 아파트를 건설할 때 도시 전체의 미관을 헤아려 짓지 않았다면 이제까지 그렇게 오래된 건물이 남아 있을 리 없겠죠. 그것도 시민들의 사랑을 듬뿍 받으면서 말이에요.

고층보다 2층을 더 좋아한 이유

18세기까지 파리에는 도시의 일정한 곳 밖에서는 건물을 마음대로 새로 지을 수 없는 법이 있었어요. 그래서 건물을 새로 짓기보다 이전에 있던 2, 3층짜리 주택을 아파트로 고치는 경우가 많았다고 해요. 1층은 상점이나 건물 관리인 가족이 사는 용도로 하고 2층과 3층을 주거용으로 만들었는데, 만약 그런 집에 세 들어 산다면 어떤 층에서 사는 것이 제일 좋을 것 같아요? 그 시절 파리 사람들은 2층을 으뜸으로 생각했대요. 2층은 도로에 직접 맞닿아 있지 않으니까 사생활이 보호될 수 있다고 생각한 거죠. 프랑스 사람들은 사생활을 중요하게 여기거든요. 게다가 2층은 1층보다 전망도 좋잖아요. 사생활을 보호하기 위해서라면 2층보다 3층이 더 좋지 않겠느냐고요? 3층은 2층보다 오르내리기가 더 힘들잖아요. 이때는 엘리베이터가 없던 시절이었으니까 2층을 3층보다 선호한 것은 당연해요. 그래서 2층은 세를 주기보다 건물주가 직접 거주하는 경우가 많았고, 세를 주더라도 제일 비싼 임대료를 받았다고 합니다.

그 시절 파리에는 건물 높이를 제한하는 법도 있었어요. 그래서 새로 건설되는 중산층과 서민 아파트들은 주로 5층이거나 6층이었어요. 나중에 8층 높이의 아파트가 지어지기도 했지만, 그것은 높이 제한이 풀리고 엘리베이터가 발명된 뒤의 일이랍니다. 부르주아들의 투자와 파리시의 재개발 사업에 힘입어 파리의 아파트는 시간이 지날수록 그 수가 점점 늘어나요. 19세기 중반 무렵에는 도시에 가득할 정도였대요.

왜 '아파트'일까?

'아파트'라는 명칭은 어떻게 생겨났을까요? 영국 귀족들은 자신이 소유한 영지에 성을 짓고 살았지만, 프랑스 귀족들은 자신의 영지에서 살지 않고 수도나 왕궁 근처에서 살았어요. 이들이 살던 집을 오텔이라고 하는데, 16~17세기에는 왕궁 주변에 즐비했다고 합니다. 그런데 시민혁명 이후 귀족들이 신분을 잃게 되자, 많은 오텔이 텅텅 비고 말아요. 주인을 잃은 오텔의 새 주인은 주로 시민혁명 이후에 부자가 된 도시 중산층들이었죠. 이들은 규모가 큰 오텔을 공간별로 나누어 사는 방법을 궁리해요. 어떤 방법으로 넓은 저택 공간을 나누었을까요?

나눠진 오텔의 각 공간은 '아파르트멍'이라는 이름으로 불렸어요. 예를 들면 식당이나 응접실처럼 손님을 초대해 음식을 나누거나 이야기를 나누는 공간은 '아파르트멍 드 파라드'라고 하고, 손님은 출입할 수 없는 침실은 '아파르트멍 드 코모디테'라고 했지요. 우리나라 전통 집인 한옥을 예로 들어 설명하자면 '안채', '사랑채', '별채', 이런 식이었던 거죠. 그런데 이 공간들을 집주인이 아파르트멍 별로, 그러니까 우리식으로 말하면 '채'별로 나누어 세를 주기 시작했대요. 몸집이 큰 오텔들은 공간에 따라 경계를 가른 구조였기 때문에 나누어서 임대를 주기 쉬웠어요. 이렇게 오텔에서 나뉜 '아파르트멍'이, 지금의 아파트가 된 것이랍니다. 불어의 아파르트멍이 영어의 '아파트먼트'로, 영어의 아파트먼트가 일본에 전해지면서 '아파트'로 변했고, 우리나라에서는 일본식 발음인 아파트가 정착된 것이에요.

산업혁명과 인클로저 운동

그렇다면 영국은 어땠을까요? 19세기 프랑스 파리에 아파트가 가득했다면 영국의 런던에는 공장이 가득했어요. 그 무렵 영국은 산업혁명이 일어나 공장이 많이 필요했어요. 공장을 짓는 일은, 생산한 상품을 시장에 내다 파는 일로 연결되잖아요. 그 시절 영국은 지구 곳곳에 많은 식민지를 거느리고 있었어요. 그 식민지들은 영국이 자국에서 생산한 상품을 팔기에 참 좋은 시장이기도 했어요. 그러니까 영국인들에게는 아파트 임대 사업을 하는 것보다 공장을 짓는 일이 더 큰 부자가 되는 길이었지요.

　도시 곳곳에 하루가 다르게 공장이 늘어나니, 사람들이 일자리를 찾아 도시로 모여들었지요. 도시로 사람들이 모여들게 된 데는 **인클로저 운동**도 한 몫했어요. '인클로저 운동'은 16세기 무렵 영국에서 모직물 공업이 발달해서 양털값이 폭등하자 지주들이 양을 방목할 목적으로 농경지에 울타리를 쳤던 일이에요. 이 운동으로 지주들은 더 큰 부자가 되지만, 농민들은 경작하던 땅을 잃어 일자리를 찾아 도시로 나갈 수밖에 없었죠. 그런데 도시로 모여든 사람들이 머물러 살 수 있는 집은 턱없이 부족했어요. 도시 노동자 중에는 아이들이 딸린 가장도 많았는데, 이들은 수도시설과 화장실이 갖춰지

▎ 양들을 방목하기 위해 울타리를 치면서, 사람들을 도시로 내몰았다.

지 않은 집도 감지덕지였어요. 심지어 지하실도 마다할 수 없었답니다. 영국 노시 주택에서 지하 공간이 석탄이나 포도주 등을 보관하는 창고로 쓰이는 경우는 많았어도 사람들이 거주하는 공간으로 쓰인 예는 없었대요. 그런데 1800년대부터 노동자들이 도시로 몰리면서 지하실에 세 들어 사는 일이 생기기 시작한 겁니다. 창고로 쓰이던 지하실 환경이 어땠을지 상상이 되나요? 어두운 것은 물론이고 창문이 없는 경우가 대부분이어서 환기도 안 되었을 거예요. 벽과 바닥에 습기도 많았을 테죠. 환경이 좋지 못한 곳에서 세를 살았던 도시 노동자들은 거리에 있는 화장실에서 몸을 씻고, 배설하는 일도 해결해야 했어요. 도시 사정이 이런데, 다른 문제는 없었을까요? 곧 위생문제가 뒤따라요. 1830년대에는 **콜레라**와 **페스트**가 창궐하는 일까지 생겼답니다.

그 시절, 공업 도시 주변에 모여든 사람들의 주거 문제를 해결하기 위해서는 집을 많이 지어 싼값에 공급해야 했어요. 그러기 위해서는 집을 위로 포개어 짓는 수밖에 없었지요. 하나의 건물에 되도록 많은 세대가 살 수 있도록 하기 위해서였죠. 지하실이 아니더라도 노동자들이 싼값에 세를 얻은 집은 어땠을까요? 그들이 사는 집은 침실이 겨우 한 개나 두 개뿐이었고, 거실과 부엌, 식당을 뭉뚱그려 써야 하는 구조였대요. 우물, 화장실, 세탁실 등도 공동으로 써야 했고요.

도심을 떠나 교외로

서민 노동자들의 주거 환경은 이런데, 이 무렵 중산계층의 생활방식에는 변화가 생기기 시작해요. 1850년대 이전까지 영국은 일부 상류 계층에서만 벽난로에 나무를 때며 살았고, 대부분은 석탄을 때서 난방문제를 해결했거

든요. 그래서 어느 가정이든 석탄을 저장해 두는 공간이 있었어요. 집마다 석탄으로 난방을 하니까 도시는 석탄 연기가 가득했죠. 벽난로를 사용하는 전통은 1880년대 가스스토브가 나올 때까지 계속되었어요. 사람들은 점점 늘어나 1841년에 220만 명쯤이던 런던 인구가 1901년에는 660만 명까지 늘어났대요. 도시 크기는 정해져 있는데 인구가 계속 증가하다 보니, 중산층 사람들은 비좁고 더러운 도심을 떠나 교외로 나가 전원생활을 하고 싶어 했어

요. 그래서 이들의 생활방식이 점차 달라집니다. 가정과 일터 사이가 지리적으로 나뉘고, 집과 일터를 오가는 생활이 시작된 거예요. 일하는 공간과 쉬는 공간이 뚜렷하게 구분된 것이죠.

교외로 이사한 중산층은 주로 정원이 있는 단독주택이나 두 가구가 맞붙은 연립주택에 살았어요. 이런 주택들이 교외로 점차 퍼져 나가던 때에 도심에서는 새로운 주거형식의 중층 아파트가 등장합니다. 원래 층마다 다른 가구가 거주하는 **적층형 주택**인 아파트는 영국에서는 그리 환영받지 못했어요. 영국 사람들은 단독주택을 좋아하는 경향이 뚜렷했거든요. 그래서 영국 도시에는 2, 3, 4층 높이의 좁은 단독주택을 이어 붙인 타운하우스가 널리 퍼져요. 영국이 다른 유럽 국가들보다 아파트를 늦게 받아들인 이유가 바로 이것이랍니다.

프랑스와는 다르다!

영국에서 아파트 건축은 1840년경에야 시작돼요. 처음에는 주로 서민을 위한 형식으로 시작됐지만, 점차 중산계층을 위한 고급 아파트가 늘어나요. 이들 중산층 아파트는 두 가구가 계단 하나를 함께 쓰는 계단형이 일반적이에요. 응접실과 식당, 부엌이 구분되어 있었고, 침실도 3~4개 정도 갖춰져 있었어요. 단독주택과 비교했을 때 유지 비용은 덜 드는데, 단독주택보다 더 나은 설비가 갖춰져 있기 때문에 일부 중산층이 좋아했어요. 하지만 프랑스에서처럼 크게 번창하지는 못해요. 영국 사람들 눈에 아파트는 불이 났을 때 대피하기 어렵고, 오르내리기도 힘들뿐더러 시끄럽고 쓰레기를 처리하기도 불편한 집으로만 비쳤던 거예요. 또 공동주택 특성상 계단이나 복도 등

▍ 영국 산업혁명 시기에 주거 양식의 주를 이루었던 공동주택인 테라스 하우스. 높아야 5층을 넘지 않게 설계되었다.

을 여러 세대와 함께 나눠 쓰는 방식을 영 못마땅해했어요. 심지어 아파트를 '군대 막사와 같다'라느니, '프랑스식 집'이라며 낮춰 보는 일도 많았다고 합니다. 이 무렵 프랑스에서는 도시경관을 멋지게 만들기 위한 사업을 벌인 데 반해 영국은 그러지 않은 거예요. 단독주택을 좋아하는 경향이 강해서지요. 이것이 프랑스보다 영국에서 도시 공동주택이 덜 유행하고 덜 발달한 까닭이랍니다.

이 시기 프랑스 아파트에 해당하는 영국의 공동 주거 양식의 건물은 '테라스 하우스'예요. 영국에만 있는 도시 주거 형식으로, 말 그대로 **테라스**가 있는 임대용 공동 주거 주택'이라고 이해하면 됩니다. 파리의 아파트와 영국의 테라스 하우스는 비슷한 점도 있지만 다른 점도 있어요. 공통점은 부자들의 투자에 의해서 만들어졌고, 임대를 위한 다층 공동주거라는 점이에요. 다른 점은, 프랑스는 아파트를 단독주택과 같은 또 하나의 주거형식으로 인정하

사례탐구 산업혁명과 인클로저 운동

산업혁명은 인류 역사에 매우 큰 변화를 가져온 대단한 사건이에요. 산업혁명이 영국에서 맨 처음 시작될 수 있었던 것은 영국이 여러모로 좋은 조건을 갖추고 있었기 때문입니다. 프랑스는 대혁명이 일어나 혼란스러웠고 유럽의 다른 나라들은 전쟁을 치르고 있었는데 반해 영국은 정치 사정이 비교적 안정되어 있었어요. 세계 곳곳에 많은 식민지를 두고 무역을 해서 경제적으로도 여유로웠지요. 기계를 만들 수 있는 철과 공장을 움직일 수 있는 석탄도 풍부했어요. 두 차례에 걸쳐 일어난 인클로저 운동으로 농민들이 농촌을 떠나 도시로 나와서 노동력 또한 넘쳐 났답니다.

인클로저 운동은 중세 말 유럽에서 두 차례에 걸쳐 일어납니다. 1차 인클로저 운동은 15세기말 경부터 시작되어 16세기에 전개되었는데, 이 운동으로 지주들은 더 큰 부를 이루게 돼요. 반면에 농민들은 농토를 잃고 도시로 내몰리게 되었죠. 이런 현상을 16세기 영국의 사상가이자 정치인이었던 토머스 모어는 '예전에는 사람이 양을 잡아먹었지만, 지금은 양이 사람을 잡아먹는다.'라고 꼬집었대요.

인클로저 운동이 주로 영국에서 활발하게 일어났던 이유는 영국 기후와 토양이 양을 키우기 적합했을 뿐 아니라, 영국의 양모 산업이 세계적으로 가장 경쟁력 있는 산업이었기 때문이에요. 이 운동으로 농민들 삶은 더욱 어려워졌지만 지주들은 더 큰 부자가 되었어요. 영국 정부도 부자가 된 지주들에게 세금을 더 많이 거둬들여 많은 부를 축적했지요.

고 받아들여 도시경관이 돋보이도록 높이 건설됐지만, 영국의 테라스 하우스는 3, 4층이 가장 많고 최대 5층을 넘지 않게 건설되었다는 점입니다. 오늘날에는 영국에서도 아파트가 매우 일반적인 주거 형식으로 자리 잡았지만, 이것은 1920년대 이후 도시의 **슬럼** 지역을 없애는 사업을 벌이면서 건설된 것이지, 산업혁명기에 건설된 것이 아님을 알아두었으면 해요.

간추려 보기

- 중세 유럽은 대도시가 적었기 때문에 고대 로마 시절보다 아파트가 발달 하지 못했다.
- 근대적 아파트의 효시는 17세기 프랑스에서 한 층 공간을 여러 개로 나누 어 세를 주는 형태의 공동주택이다.
- 아파트라는 말은 프랑스어, '아파르트멍'에서 유래했다.
- 19세기 프랑스 파리에서는 도시 재개발 사업을 벌여 도시를 정비하며 아파 트를 많이 건설했지만, 영국은 프랑스만큼 아파트 숫자가 많지 않고 높지 도 않았다.
- 산업혁명을 주도한 영국이 프랑스에 비해 아파트가 덜 발달한 까닭은 영 국인들이 단독주택을 선호하는 경향이 워낙 뚜렷했기 때문이다.

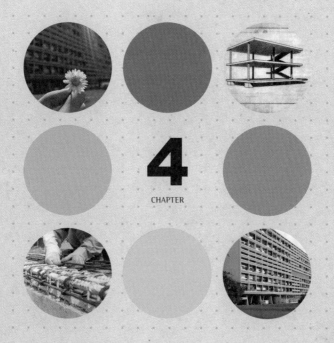

4

현대적 아파트를 고안한 사람은
누구일까요?

아파트를 건설하고 싶다고 해서, 뚝딱 건설할 수 있는 게 아니지요. 현대적인 아파트의 형태를 갖추기 위해서 여러 과정과 고안이 필요했습니다. 획기적인 발상으로 현대 아파트의 기틀을 닦은 '근대 건축의 아버지', 르 코르뷔지에에 대해 알아봅시다.

사람들이 넘쳐 나는 도시에 노동자들을 위해 건설된

아파트는 사실 사람들이 살고 싶어 할 집은 아니었어요. 그래도 집을 구하기 어려우니까 어쩔 수 없이 살 수밖에 없었지요. 살기 좋은 집이라면 최소한 편안함을 느낄 수 있어야 하지 않겠어요? 겉모습까지 멋지다면 더할 나위 없겠죠. 그런데 산업혁명 시기를 거쳐 두 차례의 세계대전을 치르기까지 서민들이 머물러 살았던 아파트는 편리함과 안락함을 느끼기엔 모자란 점이 참 많았습니다. 만약 아파트가 근대 시절의 그 수준에서 계속 머물러 있었다면 오늘날 전 세계 사람들에게 가장 익숙한 주거 양식으로 자리 잡지는 못했을 거예요.

현대 건축의 아버지, 르 코르뷔지에

아파트는 어떻게 오늘날과 같이 안락함과 편리함을 주는 현대적인 거주 공간으로 거듭날 수 있었을까요? 아파트가 현대적인 모습을 갖추게끔 한 사람은 '20세기 천재 건축가' 혹은 '현대 건축의 아버지'라고 우러름을 받고 있는 건축가, 르 코르뷔지에입니다. 스위스에서 태어나 프랑스에서 활동한 건축가로, 빼어난 건축가로 이름난 분이에요. 르 코르뷔지에는 원래 시계 장인이 되려고 했어요. 시계 산업으로 이름난 스위스의 '라 쇼드 퐁'이라는 곳에서 나고 자랐거든요. 더구나 아버지가 시계 장인이셨기 때문에 자연스럽게 자신도 어른이 되면 시계 산업에 종사하게 될 거라고 생각했다는군요. 그런데 건축가의 길을 가게 된 것은 뜻밖에도 시계 장식을 공부하기 위해 입학한 예술학교 교장 선생님의 조언 덕분이었어요. 교장 선생님은 스위스의 시계 산업은 전통 수공예를 지향하기 때문에 독일이나 프랑스 등과의 경쟁에서 그 장래가 그다지 밝지 않다고 예측하셨어요. 그들 나라는 이미 시계를 대량 생산할 수 있는 틀을 만들고 있었기 때문에 손으로 일일이 작업하는 방법으로는 이기기 힘들다고 판단한 것이죠. 그래서 르 코르뷔지에에게 시계 장식을 더 공부하기보다, 건축을 공부해 보는 것이 어떻겠냐고 제안하셨대요. 교장 선생님의 갑작스러운 말씀에 르 코르뷔지에도 처음엔 얼른 동의하지 않았다고 해요. 그런데 말씀을 차분하게 다 듣고 난 뒤에 세상의 변화에 맞게 자신도 변해야겠다고 마음을 고쳐먹었다고 합니다.

르 코르뷔지에가 아파트를 한 차원 높은 수준으로 끌어올리기 위해서 맨 처음 시도한 일도 집에 대한 생각을 바꾸는 것이었어요. 산업혁명과 두 차례 세계대전을 겪고 난 뒤, 더욱 다급하게 된 주택문제에 대해서 누구보다도 진지하게 고민을 한 것이죠. 그리고 주택문제를 해결하기 위해서는 우선 집에 대한 생각을 바꿔야겠다고 결론 내렸어요. 집도 여러 가지 기능이 갖춰진 자동차처럼 표준화 되어야 한다고 생각한 것이지요. 그러면 빠른 시간 안에 저렴하고 대량생산이 가능한 집을 만들 수 있을 테니까요. 그리고 집은 '도구'라는 의견을 내보이면서 결국 집도 '사람이 살기 위한 기계'라고 규정합니다. 집을 도구라고 생각했다고 해서 집을 낮추어 본 것은 결코 아니에요. 그는 집은 사람에게 도구와 같은 존재지만 세우거나 쌓는 행위를 통해서, 즉 건축을 통해서 궁궐과 같은 훌륭한 건축물이 될 수 있다는 신념을 가지고 있었으니까요.

도미노 시스템의 도입

두 차례 큰 전쟁을 치르는 동안 집을 잃어버린 사람들에게 '어떻게 하면 더 빨리 많은 집을 만들어 줄 수 있을까' 라고 궁리한 끝에 마침내 르 코르뷔지에가 떠올린 방법은 집의 뼈대를 만드는 것이었어요. 자동차를 만들 때처럼 먼저 철골로 뼈대를 만들고 거기에 엔진과 문보닛트렁크를 달고 덮개를 덮듯이, 집을 지을 때도 먼저 집의 뼈대를 만들면 집도 대량생산이 가능할 거라는 확신을 한 거예요. 자동차의 생산과정을 주택 건축에 대입해서 위층 바닥과 그것을 지탱할 수 있는 기둥, 그리고 위 아래층을 오르내릴 수 있는 계단을 연결해 집의 뼈대를 만들면 된다고 생각한 것이죠.

르 코르뷔지에가 고안한 집 뼈대에 붙인 이름은 '도미노 주택'이에요. 하나가 쓰러지면 연달아 쓰러지는 나무 놀이를 '도미노'라고 하잖아요? 르 코

▌ 르 코르뷔지에는 '녹지 위의 고층 주거'를 표방하며, 현대적 아파트 양식의 기틀을 다졌다.

르뷔지에가 집의 뼈대에 도미노란 이름을 붙인 데에는 속 깊은 뜻이 있었답니다. 앞에서 공부한 로마 시대 주택 이름들을 떠올려 볼까요? 1층은 상가고 위로 3~4개의 층에 가난한 사람들이 살았던 집은 '인슐라', 부자들이 사는 저택은 '도무스'라고 했던 것, 기억나죠? 르 코르뷔지에는 그 도무스에서 '돔(Dom)'과 도미노에서 '미노'를 이어 도미노 주택이라 이름 지었어요. 가난한 사람들을 위해 설계한 집이지만, 저택이라는 뜻을 갖게 한 거죠. 또, 르 코르뷔지에는 땅을 혼자 소유하는 단독주택 대신에 '아파트를 높이 지어 땅 위의 모든 공간을 자연 녹지로 만들고 공동의 소유가 되게 하자'는 아이디어도 내요. '녹지 위의 고층 주거'를 만들자는 생각이었지요. 이 생각은 그 시절로서는 굉장히 놀라운 것이었어요. 이런 그의 생각은 두 번의 큰 전쟁으로 삶의 터전을 잃어버린 사람들에게 하루라도 빨리 집을 공급해 주어야 했던

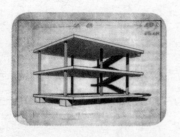

■ 르 코르뷔지에가 1913년에 고안한 도미노 시스템의 도안.

도미노 주택은 그 자체로도 놀라운 발명품이지만, 특히 더 꼼꼼하게 봐야 할 부분이 있어요. 옆의 그림, '도미노 시스템'을 자세히 살펴보세요. 각 층 기둥이 바닥 모서리에 맞닿아 있지 않고 안쪽으로 조금씩 들어가 있지요? 대수롭지 않은 것 같은 이 차이 때문에 벽에 마음대로 창문을 뚫을 수도 있게 되었다고 해요. 이전에는 벽돌이나 돌로 쌓은 벽이 건물 무게를 지탱하는 방식이었거든요. 그래서 벽을 얇게 하거나 창문을 자유롭게 만들 수 없었어요. 벽이 건물 무게를 감당해야 했기 때문에 창문을 내더라도 수직으로 긴 창을 만들 수 있었지만, 수평으로 긴 창은 낼 수 없었어요. 그런데 벽이 하던 일을 기둥이 감당하게 되면서 벽을 얇게 할 수도 있고, 수평으로 긴 창을 만들 수도 있게 된 거예요. 기둥이 위층 천장 모서리와 아래층 바닥 모서리 안쪽에 서서 건물 무게를 오롯이 감당해주었기 때문에 기둥보다 바깥에 있게 된 벽은 건물 무게를 감당하는 일에서 더욱 자유로울 수 있게 된 것이랍니다. 벽에 어떤 형태의 창문이든 자유롭게 낼 수 있게 되었으니, 집 안을 밝게 하는 일이 예전보다 훨씬 쉬워졌지요.

유럽의 여러 나라들에게 아파트가 주택의 한 형태로서 확실한 자리매김을 하게 해 주는 역할을 합니다.

도미노 시스템을 떠받친 철근콘크리트

사실 르 코르뷔지에의, 집을 대량생산 할 수 있다는 신념이 실현 가능하게 된 것은 이 시절에 이미 철근콘크리트 기술이 마련되어 있었기 때문이에요. 콘크리트는 고대 로마 건축에서도 아치나 돔, 지붕 등을 만들 때 접착용으로 많이 사용되었다는 것 알고 있지요? 하지만 그 시절 콘크리트는 누르는 힘은 잘 견디는데, 잡아당기는 힘에는 별 힘을 발휘하지 못했어요. 그런데 19세기 중반에 콘크리트 속에 철근을 집어넣어서 누르는 힘과 잡아당기는 힘에 모두 잘 견딜 수 있는 철근콘크리트가 발명되어 사용되고 있었던 거죠. 만일 그 시절에 철근콘크리트가 쓰이지 않고 있었나면 도미노 주택의 발명도 불가능했거나, 많이 늦어질 수도 있었을 거예요. 또 그 시절에 고층 아파트를 건설하는 일은 철근콘크리트의 도움도 컸지만, 도미노 시스템 없이

▌ 콘크리트 안에 철근을 집어넣음으로써 잡아당기는 힘을 견딜 수 있게 되었다.

사례탐구 시트로앙 주택

1920년경 르 코르뷔지에는 도미노 주택을 실제 모델로 해서 '시트로앙 주택'을 만들었습니다. '시트로앙'은 프랑스 자동차 회사 '시트로엥'에서 따온 이름이에요. 자동차와 같은 주택이라는 뜻을 지니고 있지요. 시트로앙 주택은 모두 3층으로 된 단순한 상자 모양 주택이에요.

　1층은 가족 공동 공간인 거실과 주차 공간이고, 2층은 침실이에요. 부엌은 음식을 조리할 때 냄새가 벽을 타고 올라가 집 전체로 퍼지는 것을 막기 위해 맨 꼭대기 층인 3층에 두었대요. 옥상은 작은 정원 테라스로 만들었고요. 각 층에 마련된 공간에는 저마다 다른 기능을 갖도록 했고, 그 기능에 맞는 가구도 배치했죠. 방에 놓인 가구들은 흔들리지 않게 금속 틀로 고정했어요. 건물 안쪽 벽은 흰색으로 해서 조명 하나로 방 전체를 밝히는 효과도 냈답니다. 바깥벽도 온통 흰색으로 해서 이 시기 르 코르뷔지에의 건축물들은 '백색 건축'으로 불리기도 해요. 이 시트로앙 주택 모형을 보고 많은 사람이 르 코르뷔지에에게 주택 설계를 맡겼는데, 그래서 지금도 파리에 가면 시트로앙 주택을 많이 볼 수 있답니다.

는 불가능한 일이었다는 걸, 꼭 기억했으면 좋겠어요.

　1920년 무렵, 르 코르뷔지에는 도미노 시스템의 모델로 '시트로앙 주택'을 선보여요. 지붕이 평평하고 겉모습이 단순한 상자 모양 주택이었죠. 이런 형태는 20~30년대 르 코르뷔지에가 계획한 주거 형식에 기본 모델로 그대로 쓰여요. 산업혁명 이후 나빠진 도시 환경을 개선하려는 방법으로 내놓은 '삼백만 명을 위한 도시'의 공동주택에도 쓰였고요. '삼백만 명을 위한 도시'에

▌ 유니테 다비타시옹 ©Manfred Brückels

서 르 코르뷔지에가 제안한 공동주택의 유형은 두 가지에요. 하나는 거대한 크기의 요철모양 공동주택이고 또 다른 하나는 중정을 둘러싸는 모양의 블록형 공동주택이에요. 이 두 가지 유형의 공동주택 단지에는 외부공간에는 테니스장, 축구장, 수영장 등이 있었고 옥상에는 일광욕, 조깅 등을 할 수 있는 공간도 있고 극장, 도서관, 카페 등도 있었답니다. 그런데 필요한 물건을 살 수 있는 상업시설은 없었어요. 넓은 단지 안에 녹지 공간을 많이 만들어서 여가를 즐길 수 있게만 되어 있었지요. 각 주택 내부에서 취사나 운동, 책을 읽는 등의 취미생활을 할 수 있는 독립적인 공간도 마련되어 있으면서, 각 층 주택마다 정원이나 발코니가 있는 점도 특징이었어요. 정리해서 말하면 '삼백만 명을 위한 도시'는 각 가정의 독립생활이 보장되면서도 바깥에 여가를 즐길 수 있는 충분한 시설을 두어 여럿이 함께 이용할 수 있는 집들이 모여 있는 구조였던 거죠. 이처럼 개인 공간을 중요하게 여긴 형태의 공동주택은 도시 주택의 기본 모델로 자리 잡혀 오늘날까지 이어지고 있어요.

현대 아파트의 시초

프랑스 마르세유에는 17층 높이에 337세대, 무려 1,600여 명의 사람들이 한꺼번에 입주해 살 수 있도록 건설된 아파트가 있어요. 이 아파트에는 건물 중간에 식당과 식료품 가게, 세탁소와 약국, 유치원과 놀이터, 심지어 호텔도 있고 옥상에는 체육시설까지 갖추어져 있답니다. 이 아파트가 바로 르 코르뷔지에가 설계한 아파트 '유니테 다비타시옹'이에요. 아파트 한 채에 도시에 있음직한 모든 편의시설이 다 자리를 잡고 있으니 작은 도시라고 불러도 좋을 정도예요. 르 코르뷔지에가 자신의 신념과 이상을 담아 새로운 기계 문명 시대를 살아갈 사람들을 위해 설계한 아파트인데, '현대 아파트의 효시'로 일컬어지죠. 지금 하루에도 수백 명의 관광객이 찾아올 정도로 역사적인 건축물로 인정도 받고 있고요. 그런데 안타깝게도 이 아파트가 완공되었을 때 시민들의 반응은 무척 차가웠대요. 건물은 남북방향으로 자리를 잡고 있어서 햇볕이 잘 들어오고 주민들이 편리하게 이용할 수 있는 여러 편의시설이 잘 마련되어 있는데도 사람들이 이사 오기를 꺼렸다고 해요. 그래서 완공된 뒤에도 몇 년 동안은 유명 건축가가 건축한 기념물 정도로만 인식되었다고 합니다. 왜 그랬을까요? 르 코르뷔지에는 이 아파트를 통해 위로 솟은 '수직의 전원도시'를 만들고자 했어요. 그래서 건물 안에다 거주자들의 삶을 편리하고 유익하게 해줄 시설들을 모두 갖추어 두려고 애썼답니다. 주방에는 환기시설, 쓰레기 분쇄기, 냉장고, 전기 레인지 등, 그 시절로서는 상식을 르 코르뷔지에는 스위스에서 태어나 프랑스에서 주로 활동한 건축가입니다. 현대 건축의 기초를 다진 사람으로, 모더니즘 건축의 아버지라고도 불립니다. 타임지가 선정한 20세기 가장 영향력 있는 인물 100인 중에도 꼽힌 르 코르뷔지에는 많은 사람이 쉽고 싸게 집을 갖게 하기 위해서는 다음과 같은 원칙을 지켜야 한다고 주장했습니다.

1. **필로티** : 1층에 건물을 짓지 말고 건물을 받칠 기둥(필로티)만 만든다. 그래야 땅이 건축물로부터 자유로워질 수 있다.
2. **옥상 테라스** : 콘크리트는 크게 팽창하는 특성이 있으므로, 옥상에 얇은 층의 흙으로 덮어 바람에 날아든 씨앗이 싹을 틔울 수도 있게 한다. 그러면 건물이 적절한 습도를 유지하면서 추위와 더위를 견디는 데 도움을 준다. 인공적인 땅이 만들어져 자연과 가까이 할 수 있는 이점도 있다.
3. **자유로운 평면** : 벽 대신 기둥이 건물 무게를 견딜 수 있게 한다. 그래야 창문을 자유롭게 낼 수 있고 특정 공간을 넓히거나 좁혀 사람들이 자신의 생활 스타일에 맞게 벽을 설치할 수 있다.
4. **수평으로 긴 창** : 창을 수평으로 길게 만들어 주변 경관이 잘 보이고 햇빛이 잘 드는 집이 되게 한다.
5. **자유로운 입면** : 벽면을 그림 그리기 위한 캔버스처럼 생각하라. 창문이 뚫리는 곳이나 막히는 곳 모두가 나름의 질서를 갖도록 한다. 위 네 가지를 반영하면 자연스럽게 연출될 수 있다.

뛰어넘는 최신 시설들을 설치했지요. 그런데 이 시설들을 설치하는 과정에서 여러 가지 문제가 발생해요. 공사를 하는 사람들이 부품을 조립하고 제작하는 기술이 부족해서 빈번하게 크고 작은 사고가 생겼어요. 또 르 코르뷔지에와 다른 생각을 가진 사람들로부터 훼방을 받기도 했고요. 게다가 공사하는 동안 건설부 장관이 여섯 번이나 바뀌어 예상한 것보다 공사 기간과 공사 비용이 훨씬 많이 들었어요. 그래서 원래 생각은 가난한 사람들을 위한 집을 짓는 것이었는데, 비싼 값을 치러야만 이사 올 수 있는 집이 되어 버리고 맙니다. 건축가의 아이디어는 실현되었지만 저렴한 값에 편리한 삶을 누리고 싶은 사람들의 바람에는 맞지 않는 집이 되고 만 것이죠. 결국 르 코르뷔지에가 꿈꾼 이상적인 집은 '머리가 돈 자의 아파트'라는 비아냥거림을 받기까지 했답니다. 그렇지만 오늘날에는 20세기 천재 건축가가 남긴 기념비적인 건축물로 인정받고 있어요. 또 아파트가 현대적인 모습으로 발전되어 가는데 가장 큰 영향력을 미친, 좋은 본보기가 되고 있기도 해요.

간추려 보기

- 아파트를 현대적으로 발전시킨 사람은 스위스에서 태어난 건축가 '르 코르 뷔지에'다.
- 르 코르뷔지에는 집을 '살기 위한 기계'로 정의하고 집도 자동차처럼 대량 생산할 수 있다고 믿었다.
- '도미노 시스템'은 르 코르뷔지에가 집을 대량생산하기 위해서 고안한 발명품이다.
- 르 코르뷔지에가 프랑스 마르세유에 건설한 '유니테 다비타시옹'은 최초의 현대적 아파트다.

세계 여러 나라의 아파트는
어떤 모습일까요?

통틀어 아파트라고 부르지만, 사실 나라마다 사람 수도 다르고, 주거 환경도, 문화도
다릅니다. 그러니까 세계 시민들이 모두 똑같은 집에서 살지는 않아요. 다른 나라의
아파트는 어떤 모습일까요? 주거 문화가 어떤 식으로 발달해 왔을까요? 차이점도 있
고, 공통점도 있는 각양각색의 아파트. 한번 살펴볼까요?

산업혁명과

함께 시작된 도시의 주택 문제는 20세기에 접어들어서도 사정이 크게 나아지지 않았어요. 주택 사정이 좀처럼 좋아지지 않는 데에는 점점 늘어만 가는 인구 탓도 있었지만, **핵가족**화 현상도 큰 역할을 합니다. 주거 환경은 여전히 나빴고 슬럼 지역도 많아졌어요. 그 때문에 유럽 여러 나라에서는 주거 환경을 개선하려고 노력해요. '전원도시'를 계획해서 도시 생활과 전원생활을 함께 누릴 수 있도록 하는가 하면, **근대건축운동**을 펼치기도 합니다.

합리적이고 표준화된 건축을 위하여

근대건축운동을 이끌어 간 건축가 중에는 앞에서 살펴본 '르 코르뷔지에'도 있고, 독일의 '루트비히 미스 반 데어 로에'와 '발터 그로피우스' 그리고 미국의 '프랭크 로이드 라이트' 등이 있어요. 이들이 그려낸 새로운 도시 주거 양식은 1927년 독일공작연맹이란 단체에서 개최한 『주택전시회』에서 그 구체적인 모습이 드러나요. 4층 높이의 아파트, 연립주택 그리고 단독주택 들이 있었는데, 이전과는 많이 다른 형태였지요. 이를테면 벽이 아무런 장식 없이 깨끗하고 단순했고, 지붕은 평평했어요. 그리고 이전처럼 벽돌로 쌓은 벽이 건물을 지탱하는 구조가 아니라, 철근콘크리트 기둥이 건물 무게를 받치도록 해서 원하는 곳에 문과 창을 만들 수 있게 했어요. 르 코르뷔지에가 고안한 도미노 시스템이 가능하게 해준 '자유로운 입면 구성'을 따른 방식이었죠. 또 위생적인 환경과, 대량생산의 가능성이 강조되었어요. 이 전시회를 통해 서로 추구하는 것이 비슷하다는 것을 알게 된 건축가들은 이듬해에 '**근대건축국제회의**'를 만들어, 집을 표준화해서 대규모로 집단화하는 공동 활동을 펼쳐 나가요. 이들의 활동은 이 시기 주택 부족 문제를 개선하는 데 크게 이바지합니다. 그런데 집을 지나치게 획일적인 형태로만 만들려 한다는 비판에 부딪혀 결국에는 없어지고 말아요. 그렇지만 이들이 선 세계에 '근대건축'과 '도시계획'의 개념을 널리 알린 공은 여전히 높이 평가되고 있어요.

르 코르뷔지에가 '삼백만 명을 위한 도시'를 계획하고 실현하려고 애썼던 1922년 무렵, 독일에서도 새로운 형태의 공동주택 붐이 일어요. 일자형 아파

❚ 철근콘크리트 기둥을 활용함으로써, 르 코르뷔지에가 말하는 '자유로운 입면 구성'이 가능해졌다.

트를 연속해서 벌여놓은 중층 높이 아파트가 그것인데요, 대도시 주변에 건설된 서민 주거 단지 형태에요. 주로 정부에 의해서 건설되었죠. 독일이 일자형 아파트를 선택한 까닭은 도로 건설비를 아낄 수 있었기 때문이에요. 일자형 아파트는 도로와 직접 맞닿아 있지 않고 진입로를 통해서 들어가는 구조라 도로 건설비용을 아낄 수 있었거든요. 또 넓게 열린 녹지 공간을 마련할 수 있어서 전원 분위기가 물씬 나는 아파트 단지를 꾸밀 수 있다는 장점도 있었어요. 정원을 가운데에 두고 둘러싼 형태였던 이전 아파트들은 건물 그림자 때문에 집 안에 햇볕이 잘 들지 않았어요. 그런데 일자형 아파트는 그림자가 생기지 않아 채광과 통풍에 유리했답니다. 또 이런 일자형 중층 아파트는 '합리적이고 표준화된 집'에 잘 맞아 떨어지는 형태라 근대건축운동을 이끌던 건축가들이 좋아하는 형식이기도 했어요.

▌ 일자형 아파트는 구조적으로 채광과 통풍에 유리한 건축 양식이다.

점점 높이, 더 높이

1930년대 초반에 바우하우스를 만든 것으로 이름난, 독일 건축가 발터 그로피우스는 일자형 아파트를 고층으로 지어야 한다고 주장하기 시작해요. 그로피우스는 '어떻게 하면 집을 지을 때 햇볕이 잘 들게 하고 정해진 만큼의 땅을 가장 잘 이용할 수 있을까', 또 '건물 높이는 얼마큼 높게 하고 건물 사이는 얼마나 벌리는 것이 좋을까' 하고 많은 연구를 해요. 그 결과 **대지건물 비율**은 15%정도로 하고, 건물 방향은 남북으로 놓이도록 하고 높이는 10층에서 12층으로 할 때 가장 효율적으로 건설할 수 있다는 결론을 얻어요. 이것은 앞에서 등장한 '녹지 위의 고층 주거'를 실현하기에도 적절한 내용이었죠. 그런데 그로피우스가 주장한 고층 아파트를 독일은 물론 다른 유럽 국가에서 쉽사리 받아들이지 않아요. 1934년에 네덜란드에서 처음으로 9층 아파트가 선을 보인 뒤, 1938년에 10층 높이의 아파트가 건설된 것이 고작이에요. 고층 아파트 건축은 2차 세계대전이 끝난 1945년 즈음에 이르러서야 활기를 띠기 시작하죠. 이전까지는 유럽에서 아파트를 고층으로 지은 예가 별로 없어서 기술적인 자신감이 부족해서이기도 했지만, 건설 허가를 내주는 행정기관이 새 발명품이었던 엘리베이터를 서민들이 사는 주택에 설치하는 것을 허락하지 않았기 때문이기도 했대요. 고층 아파트가 확대되는 속도는 느렸지만, 건물을 일자형으로 배치해서 채광과 통풍을 유리하게 하려는 노력은 계속돼요. 그래서 유럽은 물론 미국과 세계 여러 나라에 일자형 고층 아파트가 속속들이 들어섭니다. 이전까지 유럽에 널리 퍼져 있던 중정형 주거단지는 점점 사라지고 말이에요.

세계로 뻗어 나가는 아파트

이처럼 아파트에 대한 인식이나 발달 정도는 나라마다 조금씩 차이가 납니다. 나라마다 처한 환경과 지나온 역사가 다르니까요. 하지만 어느 나라를 막론하고, 아파트는 도시 그리고 문명과 함께 성장하고 발달해 왔어요. 앞에서도 말했듯이 산업혁명이 일어났을 때 노동자들의 주거 문제를 해결하는 데 큰 도움이 되었던 아파트가 가장 많이 건설된 곳은 사실 영국이 아니라 프랑스에요. 시민혁명 이후 왕족과 귀족들이 물러난 자리에 새로운 계층으로 자리 잡은 신흥 부자들이 자신들이 번 돈을 아파트를 건설하는 데에 아낌없이 투자한 결과죠. 물론 더 많은 돈을 벌기 위해서였지만, 이들 덕분에 19세기에 프랑스는 아파트 전성시대를 누려요. 그렇지만 그들은 아파트를 지을 때 무작정 많이 지으려고만 애쓰지 않고, 도시 전체 미관도 함께 생각했어요. 어떻게 하면 도시를 멋지게 만들까 궁리했던 파리시의 노력에 함께 발을 맞췄지요. 그 시절에 건설된 많은 아파트가 사라지지 않고 아직도 파리 시내를 채우고 있는 까닭은 바로 그 덕분이랍니다. 그렇지만 프랑스도

전문가 의견

건축은 항상 민족적이며, 또한 개인적이다. 그러나 개인-민족-인류라는 세 개의 동심원 중에서 최후의 그리고 최대의 원이 다른 두 개를 동시에 포괄한다.
– 발터 그로피우스

8층이 넘는 아파트는 잘 짓지 않았어요. 엘리베이터가 없던 시절에는 고층에 사는 게 어려웠기 때문이고, 엘리베이터가 발명된 이후에도 서민이 사는 집에 엘리베이터를 설치하기가 어려웠기 때문이에요.

아파트를 초고층 높이로 발전시킨 나라는 미국이에요. 일자형 아파트는 2차 세계대전이 끝남과 때를 같이하며 퍼지기 시작해서 1951년에는 뉴욕에 대규모 일자형 아파트 단지, 북부 할렘 주거 단지가 등장하기도 한답니다. 유럽에서 잘 받아들여 지지 않은 일자형 고층 아파트를 미국에서 쉽게 받아들인 까닭은 경제적인 이유 때문이었어요. 최대한 많은 주택을 저렴하게 공급하려면 그로피우스가 고안한 일자형 고층 아파트가 제일 적절하다고 판단한 거예요. 이후 일자형 아파트는 뉴욕을 중심으로 다른 대도시에도 퍼져 대규모 주거 단지를 개발하는 주거형식으로 정착됩니다.

키 작은 아파트

도심에 아파트를 짓는 경우에는 고층으로 올릴 수밖에 없지요. 하지만 미국 아파트가 우리나라와 가장 크게 차이가 나는 것은 아파트가 도시 외곽에 많이 지어졌다는 것이에요. 그것도 고층이 아니라 나지막이, 주로 3층 높이로 지어져 있죠. 미국은 영토가 넓은 나라잖아요? 그러니까 집을 군이 높이 올려 지을 필요가 없어요. 건물을 나지막하게 지으면 엘리베이터를 설치할 필요도 없으니까 건설비용도 줄일 수 있고 에너지를 절약할 수 있다는 이점도 있지 않겠어요? 이렇게 주로 도시 외곽에 나지막하게 건설된 아파트, 미국식으로 말하자면 아파트먼트들은 개인이 소유할 수 없다는 점도 우리나라와 달라요. 아파트먼트를 소유하고 있는 회사가 개인에게 팔지 않고 모두

▍ 도시 외곽 지역에 나지막하게 자리하고 있는 미국식 아파트먼트.

임대하고 있는 방식이거든요. 임대는 우리나라처럼 전세인 경우가 없고 모두 월세를 내는 방식이에요. 그래서 미국의 아파트먼트에는 모두 '아파트먼트 콤플렉스'라는 공간이 있는데, 우리나라 아파트로 말하면 관리사무실과 같아요. 미국에서 아파트먼트에 세를 얻으려면 이곳에 가장 먼저 들러야 한다고 합니다.

미국 아파트먼트가 우리나라 아파트와 다른 점 중 하나는 각 세대에서 세탁기, 건조기 등을 갖추지 않아도 된다는 점이에요. 아파트먼트 동마다 세탁기와 건조기가 비치된 세탁실이 따로 만들어져 있기 때문이에요. 아파트먼트에 입주한 사람들은 누구나 아파트먼트 컴플렉스에서 정한 사용료만 내면 이곳에서 세탁을 할 수 있어요. 수영장과 영화관을 갖춘 고급 아파트먼트도 있는데, 시설을 잘 갖춘 아파트먼트인 만큼 이런 곳에 살려면 비싼 월세를 내야 하지요. 우리나라 아파트는 크기, 그러니까 평수를 중요하게 여겨

사례탐구 미국의 주거 양식

미국에서 개인이 사고팔 수 있는 집은 단독주택, 타운하우스, 콘도미니엄이에요. 콘도미니엄은 단독주택과 타운하우스보다 저렴한 편이지만, 도심에 초고층으로 건설된 고급 콘도미니엄이라면 이야기가 달라집니다. 도심에 있는 집값이 비싼 것은 미국이나 캐나다처럼 넓은 영토를 가진 나라들도 마찬가지예요. 도심을 벗어나면 넓은 단독주택을 마련해서 살 수도 있겠지만 대도시의 주택 사정은 이들 나라도 크게 다르지 않거든요. 아파트는 저소득층 사람들이 임대해 사는 집이라는 인식 때문에 미국이나 캐나다 같은 북미 사람들도 영국인들처럼 아파트에서 살기보다 단독주택에서 살기를 더 희망해요. 대부분 중산층은 교외에 정원이 딸린 주택에서 살고 싶어 해요. 도심에 있는 주택에서 살려면 비싼 대가를 치러야 할뿐더러 노동자와 이민자들의 슬럼이 형성되어 있는 경우가 많기 때문이기도 해요. 그래서 이들 나라의 중산층들은 집과 직장을 오가는 시간이 걸리더라도 청결하고 녹지가 많은 교외의 주거 단지에서 살기를 원합니다. 그렇지만 현실은 단독주택을 소유하고 사는 사람들보다 아파트에서 거주하는 사람들이 훨씬 더 많지요. 단독주택은 아파트와 비교도 할 수 없을 만큼 비싸기 때문에 내 집으로 소유하고 살기가 쉽지 않아요. 임대하는 경우도 아파트보다 훨씬 더 비싼 세를 내야 하고요. 물론 대도시에 건설된 현대적이고 고급스러운 아파트는 사정이 달라요. 우리나라와 비교하면 땅값이 싼 편인 북미나 유럽의 나라라 할지라도 현대에 들어서서 대도시에 건설된 아파트에 살려면 혀를 내두를 정도로 비싼 값을 치러야 하지요.

서 몇 평형인지로 구분하잖아요? 미국에서는 방의 개수나 화장실의 개수로 아파트를 구별해요. 이를테면 거실이 없이 방이 한 개면 '스튜디오', 거실 하나에 방이 하나면 '1베드', 거실 하나에 방이 2개면 '2베드'라고 하지요.

그렇다면 미국에서는 개인이 아파트를 소유한 사례가 없을까요? 그건 아니에요. 다만 개인이 소유한 아파트는 부르는 명칭이 달라요. 개인이 구입한 아파트는 콘도미니엄, 줄여서 '콘도'라고 부르는데, 이 콘도미니엄이 우리나라 아파트와 비슷한 주거 양식이에요. 세대별로 개인이 소유할 수 있고, 집 내부를 제외한 엘리베이터, 계단, 주차장 등은 다른 세대들과 함께 사용하죠. 이 공용 시설들은 콘도미니엄 관리사무소에서 관리합니다.

프랑스에서는 아파트를 아파르트멍이라고 부르는 것처럼, 나라마다 아파트를 부르는 이름이 달라요. 가령 영국에서는 납작하다는 뜻인 '플랫'이라고 불러요. 5층 이상의 높은 아파트는 '하이라이즈'라고 하죠. 19세기 중반 무렵 미국 대도시에 생겨난 고급형 아파트는 '프렌치플랫', 또는 '아파트먼트-호텔'이라고도 불렸어요.

일본의 아파트와 맨션

일본은 아파트라 하면 대개 집의 뼈대가 목조나 가벼운 철로 된 것을 가리키지요. 무거운 철골조로 된 아파트가 전혀 없는 것은 아니지만 매우 드물어요. 집의 뼈대가 건물 무게를 감당하기 어려운 나무나 가벼운 철로 되어 있기 때문에 아파트 높이도 2층이나 3층짜리가 대부분이에요. 3층이 넘는 건물은 뼈대가 강도 높은 철골조인데, 이런 건물은 아파트라 부르지 않고 '맨션'이라고 해요. 이렇게 층수로도 아파트와 맨션이 구분되니까 엘리베이터가 있느냐, 없느냐에 따라 다르게 불린다고 이해해도 되지요. 높이 2~3층짜리 건물에 엘리베이터가 있는 경우는 없으니까요. 엘리베이터가 없는 공동주택은 아파트, 엘리베이터가 있는 공동주택은 맨션인 거죠. 그래서 일본은 아파트라 하면 서민들이 사는 작고 나지막한 공동주택을 떠올려요. 실제로 일본의 아파트에는 갓 직장에 다니기 시작한 사회초년생들이나 수입이 없는 학생들 그리고 많은 세를 낼 형편이 안 되는 사람들이 사는 경우가 많아요. 우리가 흔히 '아파트'라 부르는 형태의 건물은 '맨션'으로, 주로 중산층 이상이 살지요.

일본이 아파트 건설에 속도를 내기 시작한 것은 2차 세계대전에서 패망한 후부터예요. 아파트를 높게 짓지 않고 가벼운 철재나 목조 구조물로 많이 짓

▌ 일본에서 말하는 아파트는 2~3층 규모의 공동주택을 의미한다.

알아 두기 교외에 타운하우스가 발달하려면

미국의 주거 양식은 단독주택, 타운하우스, 콘도미니엄, 아파트먼트 이렇게 구분할 수 있어요. 단독주택은 말 그대로 한 가족이 한 건물에 거주하는 형태의 주택이에요. 타운하우스는 옆집과 벽이 맞닿은 형태, 우리나라에서 비슷한 형태를 찾는다면 '빌라'를 떠올릴 수 있겠어요. 그렇지만 우리나라 빌라보다는 고급스러운 형식이라고 이해하는 게 좋겠어요. 아파트는 아랫집 천정과 윗집 바닥이 맞닿은 구조잖아요? 타운하우스는 옆집과 벽을 공유하는 형태인데 주로 2층으로 지어져요. 그러니까 아파트는 한 층을 한 가족이 사용하는 구조라면 타운하우스는 수직으로 1, 2층 모두를 한 가족이 사용하는 구조이죠. 벽이 옆집과 붙어 있을 뿐이지 단독주택과 크게 다르지 않아요. 정원도 갖출 수 있고요. 옆집과 벽이 붙어있는 구조라 사생활을 보호받기 어려운 점은 있지요. 단독주택보다 덜 비싸다는 것은 장점이고요.

주로 복잡한 도심을 벗어난 곳에 비교적 넓은 면적을 차지하고 있는 타운하우스는 미국처럼 땅이 넓은 나라에서 발달할 수 있지만 우리나라처럼 땅이 좁은 나라에서는 취하기 어려운 주거 양식이에요. 그런 나라는 굳이 건물을 위로 포개 지을 필요가 없으니까요. 타운하우스는 도시 외곽에 터를 잡고 있기 때문에 도심에 있는 일터를 오가려면 자가용이나 대중교통을 이용해야 해요. 그런데 인구가 많지 않은 교외와 도심을 잇는 대중교통이 발달하기는 어려워요. 그래서 타운하우스에 살려면 꼭 자동차가 필요하지요.

도심에 인구가 과밀해지는 것을 막기 위해서 아파트와 같은 공동주택을 도시 외곽에 건설하려면 도심과 주거지역을 이어주는 교통망이 마련되어 있어야 해요. 도로가 마련되어 있다 하더라도 자가용 운전자들이 출퇴근 시간대에 한꺼번에 몰리면 극심한 도로 정체 현상이 생기죠. 일본은 도심과 교외를 꼼꼼하게 연결해 주는 철도가 잘 마련되어 있어요. 그래서 도시 밖 주거지역에 살면서도 직장과 집을 오가는 데 큰 어려움을 겪지 않는답니다.

는 까닭은 지진이 자주 발생하는 나라이기 때문이에요. 건물이 낮으면 지진에 무너질 염려가 적고, 목조건물이 콘크리트 건물보다 훨씬 흔들림에 강하다고 해요. 그래서 고층 맨션을 제외하고 대부분 목재를 사용하는데, 바로 그 점 때문에 일본의 주택은 화재로 곤란을 겪는 일이 많아요. 오래된 목조 아파트는 방음 문제도 크지요. 1995년 고베에 대지진이 일어났을 때, 약 6,300여 명 정도가 사망했어요. 그중 절반 이상은 목조건물에서 일어난 화재 때문에 사망한 거라고 해요. 또 하나, 일본은 도심에 아파트를 대단지로 짓는 경우가 거의 없어요. 아파트는 거의 다 교외에 펼쳐져 있는데, 이는 교외 주거지역과 도심을 잇는 철도가 잘 발달하여 있기 때문에 가능한 일이랍니다. 대중교통이 발달하지 않은 교외에서 사는 사람들이 저마다 승용차를 몰고 집과 직장을 오간다면 출퇴근 시간마다 도로 정체가 얼마나 극심하겠어요?

사람이 너무 많은 중국

중국은 아파트를 아파트라 부르지 않고 공우라고 해요. '여러 사람이 사는 집'이라는 뜻이 담긴 중국말이에요. 중국은 영토가 자그마치 우리나라의 44배예요. 세계에서 네 번째로 넓지만, 인구가 많기로는 첫 번째인 나라예요. 중국의 수도 베이징은 2010년 이후 인구가 해마다 60만 명씩 늘어 현재는 약 2,500만 명이 살고 있다고 합니다. 그래서 베이징도 심각한 주택난을 겪고 있어요. 베이징뿐만 아니라 인구가 밀집해 있는 대도시는 예외 없이 주택 문제로 골머리를 앓고 있지요. 그래서 중국도 고층 아파트를 건설하는 데 열심입니다. 우리나라처럼 건설 회사들이 해마다 많은 아파트를 지어 분양하고 있는데도 건설되는 아파트가 수용할 수 있는 사람 수보다 아파트가 필요한 사람 수가 훨씬 더 많아요. 그래서 아파트값이 천정부지로 오르고 있지요. 짧은 시간 동안 도시가 빠른 속도로 커지면서 중국의 대도시들은 마치 산업 혁명 당시 영국처럼 주택 부족에 시달리고 있어요.

2000년대 들어서서 중국에는 신흥 부자들과 신흥 중산층들이 대규모로 등장해요. 그런데 도시엔 그들이 머무를 수 있는 집이 턱없이 부족했습니다. 그래서 아파트를 대규모로 건설하는 일이 절박했어요. 그런데 정작 집이 꼭 필요한 사람들은 아파트에서 살지 못하는 경우가 많아요. 아파트값이 너무

▌ 중국은 땅이 넓지만, 그 이상으로 인구가 많아 주택난에 시달리고 있다.

비싸기 때문이지요. 그런데도 더 많은 이익을 내고 싶은 건설 회사들은 소득이 낮은 서민들을 위한 아파트를 짓기보다 안정된 수입이 있는 중산층을 위한 아파트를 더 많이 건설하고 있지요. 중국은 영토가 매우 넓고, 길고 오랜

사례탐구 중국 최초의 공동주택 '토루'

▌세계에서 가장 아름다운 기숙사로 꼽히는 티엔트겐 학생 기숙사. ©News Oresund

오래전 중국에는 한 건물에 많은 세대가 모여 살았던 공동주택이 있었어요. 그 공동주택 이름은 '토루'입니다. 명나라 시기에 이민족의 침략을 받아 고향을 잃고 이주한 사람들이 짓고 살았던 집이에요. 토루는 지금의 아파트와 겉모습은 다르지만 한 건물에 수십 세대가 살 수 있는 공동주택이라는 점에서 아파트와 비슷해요. 하지만 생겨난 까닭은 아파트와 전혀 달라요. 아파트는 과밀해진 도시에 되도록 많은 집을 만들기 위해 생긴 공동주택이잖아요? 그런데 토루는 적을 피해 이주한 사람들이 흩어져 살기보다 한 건물에 모여 서로 의지하며 살기 위해 지은 집이에요. 그래서 이들은 집을 지을 때도 사람이 사는 집처럼 하기보다 마치 군사시설처럼 보이게 했어요. 적을 방어하는 데 제일 큰 목적을 둔 집인 만큼 겉모습이 얼마나 독특한지 몰라요. 성벽을 두껍게 쌓고 그 위에 기와지붕을 얹은 모양이 꼭 거대한 도넛처럼 생긴 것도 있지요. 그 모습이 어찌나 독특한지 덴마크의 수도 코펜하겐에는 도넛처럼 생긴 토루의 겉모습에서 아이디어를 얻은 아름다운 건물도 있답니다. 세계에서 가장 아름다운 기숙사로 손꼽히는 이 건물의 이름은 '티엔트겐 학생 기숙사'예요.

역사를 가꾸어온 나라인 만큼 다른 나라에서는 보기 힘든 독특한 형태의 전통가옥이 참 많은 나라랍니다. 그런데 지금은 중국의 어떤 대도시에서도 중국 고유의 전통가옥을 찾아보기 어려워요. 대신 중국인들이 가진 고유의 색감이나 장식들이 섞인 독특한 모습의 현대식 아파트가 대규모로 채워지고 있어요.

중국 아파트가 우리나라 아파트와 크게 다른 점이 한 가지 있는데, 알아보고 갈까요? 우리나라는 건설회사가 아파트를 분양할 때 실내 장식까지 마친 상태로 분양하잖아요? 그런데 중국의 건설회사는 인테리어를 분양받는 사람 몫으로 남겨 두고 아파트를 분양해요. 그래서 중국에서 아파트를 분양받은 사람은 나중에 실내 장식을 따로 하는 수고를 해야 하지요. 인테리어 비용도 감당해야 하는 것은 물론이에요.

모든 사람에게 주택을

세계 여러 나라 아파트를 얘기하면서 북유럽의 스웨덴도 빼놓을 수 없어요. 스웨덴은 '요람에서 무덤까지'라는 표현이 있을 만큼 사회보장제도가 좋은 나라로 손꼽히지요. 스웨덴은 '모든 사람에게 주택을'이라는 복지정책 구호를 내걸 만큼 사람들의 주거 문제를 매우 중요하게 여겨요. 그런데 2차 대전 이후 1970년대 말까지 산업이 빠르게 발전하면서 도시 인구가 폭증해서 다른 유럽 나라들처럼 주택 부족 문제를 겪지요. 그래서 1965년부터 10년 이내에 주택 100만 채를 건설하겠다는 사업 계획을 세워요. 그 사업을 '밀리언 프로그램'이라고 해요. 결과는 성공적이었어요. 10년 동안 100만 6천 채를 지어 예상보다 일찍 목적을 이뤘거든요. 이때 건설된 주택이 현재까지도 주택

시장의 약 26% 정도를 차지하고 있을 정도래요. 스웨덴은 밀리언 프로그램과 함께, 한 방을 쓰는 인원이 2명이 넘지 않도록 가족 수에 따라 주택을 나누어주는 규정도 마련했다고 해요. 작은 크기의 아파트에서 여러 가족이 생활해야 할 경우 주거 환경이 나빠질 것을 헤아린 것이죠. 이때 건설된 아파트들은 주로 전통적인 형태의 임대 아파트들이에요. 그래서 일부 지역은 슬럼화되어서 제대로 정착하지 못한 이민자들이 살게 된 곳도 많다고 합니다. 하지만 백인 서민이나 중산층들이 사는 곳도 있어요.

1973년 **오일쇼크**를 겪고 잠시 어려워졌던 스웨덴은 1980년대가 되어서는 경제 사정이 좋아져요. 그래서 건축 사업도 더 활기를 띠고 주택 공급을 더 늘이지요. 또 도심지의 오래된 아파트들은 내부 구조를 편리하게 고치고, 집 주변을 아름답게 꾸미려는 노력도 함께 기울였어요. 스웨덴은 여름이 짧고 겨울이 길어 연간 **일조량**이 부족한 나라거든요. 기후 조건이 좋지 않아서 자연과 녹지에 대한 애정이 남다르죠. 그래서 스웨덴 사람들은 휴가철이면 도시를 떠나 자연을 즐기며 쉬는 걸 좋아해요. 도시에서 살기보다 되도록 교외에 나가 전원주택을 짓고 살고 싶어 하고요. 그런데 경제활동을 해야 하는 도시인들은 그 꿈을 실현하기가 쉽지 않잖아요? 그래서 스웨덴 정부는 사람들의 바람을 조금이라도 채워주기 위해서 노력해요. 새로 짓는 아파트들은 단지 안에 반드시 정원을 만들도록 하고, 나중에라도 환경이 나빠지지 않도록 주차장과 쓰레기 처리 시스템도 반드시 갖추도록 했어요. 변두리 아파트들도 예외가 아니어서 아파트 단지 밖에 주차장을 별도로 꼭 마련하도록 했답니다.

그런데 2008년 9월 세계금융위기가 닥친 이후, 스웨덴 땅값이 굉장히 가파르게 올라요. 스웨덴은 겨울이 긴 나라라서 사람들이 살기 좋은 땅은 별로 많지 않거든요. 안 그래도 집 지을 수 있는 땅이 부족한 나라에서 땅값까지 부쩍 올랐으니, 되도록 좁은 땅에 집을 많이 지을 방법을 찾아야 했지요. 그래서 이 무렵 스웨덴은 대단지 아파트를 많이 본 떠 짓기 시작했다고 합니다. 이때 스웨덴은 세계 여러 나라 중에서 유독 우리나라 아파트를 모델 삼았는데, 우리나라처럼 보일러를 **온돌** 방식으로 쓰고 있기 때문이래요. 스웨덴에 2010년대 들어서 생긴 대규모 아파트 단지들은 대개 우리나라 아파트 단지 배치도를 본 떠 간 것이라고 해요.

그림자가 드리운 도시

인구 밀도가 너무 높아서 아파트를 건설할 때 **일조권**조차 인정해 줄 수 없는 도시도 있어요. **아편전쟁** 이후 영국령이었다가 1997년 중국에 반환된 도시, 홍콩이에요. 정식 명칭은 '중화인민공화국 홍콩특별행정구'이죠. 홍콩은 '콘크리트 밀림'이라고 해도 좋을 정도로 고층 건물이 꽉 들어찬 도시에요. 홍콩 도심이 그렇게 높은 건물이 즐비한 풍경이 된 데에는 초고층 빌딩뿐 아니라 초고층 높이의 아파트들도 큰 몫을 합니다. 홍콩의 아파트들은 높이가 40층에서 60층에 이르는 것들이 대부분이에요. 홍콩은 인구 밀도가 워낙 높기 때문에 **용적률**이나 **대지건물비율**을 엄격하게 적용하고, 이웃 건물의 일조권을 인정해 주면서 아파트를 짓게 할 수가 없대요. 그렇게 하면 홍콩 인구를 모두 수용할 수 없기 때문이지요. 그래서 홍콩은 이웃한 건물의 일조권을 침해하지 않도록 규제하기보다 도리어 일조권에 제한을 받지 않고 건축하도록 허용해주고 있다고 해요. 그렇다 보니 건물과 건물 사이에서 주

차 공간이나 녹지를 찾아보기 힘들어요. 사정이 이런데도 홍콩의 아파트값은 세계 최고를 자랑하지요. 세계에서 가장 비싼 아파트들인데도 노후화된 것들이 많아서 대책 마련에 크게 고민하고 있어요. 워낙 용적률이 높은 아파

알아 두기 용적률과 대지건물비율을 제한하는 까닭

건물을 건축할 때 적용하는 용적률과 대지건물비율은 나라마다 다를 수 있어요. 용적률과 대지건물비율을 제한하는 이유는 도시계획 차원에서 주거 밀도와 도시경관 등을 고려해야하기 때문이에요. 또, 사람들에게 일조권과 **조망권**을 보장해주기 위해서이기도 하지요.

집중탐구 엘리베이터

하루도 고층 건물을 이용하지 않고 살아가는 날이 없는 현대인들에게 엘리베이터는 참 고마운 존재입니다. 엘리베이터의 기본 원리는 기원전부터 무거운 물건을 들어 올리거나 전쟁터에서 무기를 옮길 때 쓰였던 '도르래'의 작동 원리와 같아요. 도르래 원리가 높은 곳으로 물건을 올리거나 사람을 실어 나르는 용도로까지 쓰일 수 있게 된 데에는 미국의 엔지니어, 엘리샤 오티스라는 사람의 공이 큽니다.

엘리샤 오티스는 미국의 한 침대회사에서 일하고 있었는데, 어느 날 맨 위층으로 침대를 쉽게 올릴 방법은 없을까 궁리하다 엘리베이터를 발명하게 되었다고 해요. 이전까지는 높은 곳에 짐이나 사람을 실어 나를 때, 바구니에 물건을 담거나 사람을 태우고 밧줄에 매달아 줄을 당기는 방식이었어요. 그래서 밧줄이 끊어지는 사고도 빈번했어요. 이에 엘리샤 오티스는 밧줄이 끊어지지 않도록 돕는 낙하방지장치를 생각해 냈다고 해요. 오티스가 고안한 낙하방지장치는 엘리베이터 양쪽에 두 개의 철로 톱니바퀴를 만들어, 엘리베이터 줄이 끊어지면 톱니가 벌어지면서 레일의 톱니에 맞물려 엘리베이터를 잡아 두는 원리였어요. 낙하방지장치를 이용해서 마침내 안전한 엘리베이터를 만드는 데 성공하지만, 안전을 걱정하는 사람들의 의구심은 여전했다고 합니다. 그래서 1853년 뉴욕 국제 박람회에서 자신이 타고 있는 엘리베이터에 연결된 줄을 끊어 보이며, 줄이 끊어지더라도 사람이 절대 떨어지지 않는다는 것을 직접 실험해 보이기도 했죠.

그 후 오티스는 '오티스 엘리베이터'라는 이름으로 회사를 만들어요. 엘리베이터란 명칭은 그가 만든 엘리베이터 상표에서 비롯된 것이라고 합니다. 하지만 그 시절 오티스가 개발한 엘리베이터는 증기의 힘으로 움직이는 방식이었어요. 오늘날과 같은 형태의 엘리베이터를 만든 사람은 독일의 전기 기술자, '에른스트 베르너 폰 지멘스랍니다.

트들이기 때문에 허물고 다시 건축하는 일이 쉽지 않은 거지요. 그래서 어떻게 해야 할지 좀처럼 답을 내지 못하고 있는 형편이라고 합니다.

간추려 보기

- 우리나라의 아파트는 주로 중산층의 대표적인 주거 양식으로 인식되고 있지만, 유럽이나 북미에서는 아파트가 대부분 가난한 서민과 이민자들을 위한 영구 임대용이다.
- 초고층 아파트가 등장하게 된 데에는 철근콘크리트가 개발되었기 때문이지만 엘리베이터의 발명도 큰 몫을 했다.
- 스웨덴은 1960년대 중반 밀리언 프로그램을 세워 큰 성공을 거두었다. 1980년대 경제사정이 좋아진 이후에는 아파트를 지을 때 반드시 정원을 만들도록 하는 등 사람들의 삶의 질이 향상되도록 노력하고 있다.
- 홍콩이 아파트를 건설할 때 대지건물비율이나 용적률을 엄격하게 적용하지 못하는 까닭은 홍콩 시내의 인구가 너무 많기 때문이다.
- 북미나 유럽 사람들은 아파트보다 단독주택을 선호하는 경향이 강하지만 단독주택값이 아파트보다 훨씬 비싸기 때문에 어쩔 수 없이 아파트에서 거주하는 경우가 많다.

우리는 어떻게 아파트에서
살게 되었을까요?

그렇다면 우리나라 사람은 어떤 과정을 거쳐 아파트에서 살게 되었을까요? 아파트
공화국이라고 불릴 정도로, 우리나라에서는 아파트가 주거 양식에서 압도적인 비중
을 차지합니다. 많은 사람들이 아파트에 살기를 원하고, 자기 소유의 아파트를 가지
고 싶어 하지요. 고대부터 아파트와 유사한 건축물이 있던 다른 나라와 달리, 우리나
라의 전통적인 주거 양식은 아파트와는 거리가 있는데도 말이죠. 우리는 왜 아파트에
살까요?

산업이 발달하고 도시에 인구가 많아지면서 적은 땅에서도 여러 가구가 살 수 있는 주거 양식이 절실해진 것은 우리나라도 영국이나 프랑스 같은 서양 나라들과 다르지 않아요. 일제강점기까지만 해도 100만이던 서울의 인구는 1960년대에는 400만에 가까워지고, 1970년대에는 800만, 1980년대에는 1,000만을 넘더니 이제는 2,000만을 넘나들고 있는 형편이지요. 국토는 좁은데 인구는 점점 늘어나니, 그동안 익숙하게 누려온 전통적인 주거 양식으로는 사회를 유지할 수 없을 지경에 이르렀어요. 요즘에야 높은 건물이 워낙 많아서 단층짜리 건물을 찾아보기 어려울 정도이지만, 원래 우리나라는 일제 강점기 이전까지는 2층 이상 집을 찾아보기 어려웠다고 해요. 우리나라 전통 가옥은 사는 형편에 따라 조금씩 차이가 나기는 하지만 집마다 마당이 있고, 방에는 온돌을 깔고 방과 방 사이에는 대청마루를 두었어요. 하지만 집을 2층 이상 올려 짓는 법은 없었대요. 아무리 형편이 좋은 사람의 집이라 해도 마찬가지였어요. 집을 높이 올려 짓는 데 필요한 자재가 귀해서도 아니고, 건축물을 높이 올려 지을 수 있는 기술이 없어서는 더더욱 아니에요.

작달만한 우리 한옥

경복궁에 가 본 사람은 알겠지만, 왕족이 살았던 궁궐도 근정전처럼 임금이 정말 중요한 업무를 하는 곳이 아니면 건물을 2층 이상 높이로 짓지 않았습니다. 주변을 잘 둘러보기 위해 지은 정자나 망루 같은 건축물은 높이 올려 짓는 경우도 있었지만, 사람이 살기 위한 집을 높이 올려 짓는 일은 전혀 없었어요. 그런데 요즈음은 어떤가요? 주변 어디를 둘러봐도 온통 높은 건물뿐이에요. 그중 대부분은 아파트이고요.

우리나라가 2층 이상 집을 짓지 않은 까닭, 대체 뭘까요? 답을 금방 생각해 낸 사람도 있을지 모르겠는데, 우리나라가 2층 이상 집을 짓지 않은 이유는 2층부터는 온돌을 설치할 수 없었기 때문이에요. 우리나라에 2층 높이 이

▌ 서울 도심을 내려다본 모습. 아파트와 전통 궁궐의 높이 차이가 두드러진다.

4계절이 뚜렷한 온대기후에 위치한 우리나라 사람들은 집을 지을 때 추위와 더위를 이겨내기 위해서 온돌과 마루를 만들었어요. 온돌은 방바닥에 평평한 돌(구들)을 놓고 아궁이에서 불을 지펴 방안을 따뜻하게 하는 장치예요. 온돌방에서 가장 따뜻한 곳은 아궁이가 있는 부엌 쪽인데, 이곳을 '아랫목', 반대쪽을 '윗목'이라고 하지요. 공기는 뜨거워지면 위로 올라가는 성질이 있잖아요? 아랫목의 더운 공기는 위로 올라가고, 윗목의 찬 공기는 아래쪽으로 내려가요. 구들장은 한번 달궈지면 오랫동안 잘 식지 않기 때문에, 온종일 난로에 장작을 태우는 서양 방식보다 훨씬 경제적이랍니다.

여름철에는 더위를 이기기 위해서 방과 방 사이에 나무 널빤지로 마루를 깔았어요. 마루는 지면에서 어느 정도 떨어진 위치에 놓기 때문에 습기가 올라오지도 않고 바람이 잘 통해요. 대개 마루는 앞쪽이 탁 트여 있고, 뒤쪽에는 문이 달려 있어요. 그래서 뒷문을 활짝 열어 두면 바람이 앞뒤로 잘 통하죠. 마루 한쪽에는 뒤주를 두거나 오래 두고 먹을 수 있는 것들을 보관하기도 해요. 여름이면 온 가족이 모여 밥을 먹기도 하고 이야기꽃도 피우죠. 이웃이 집에 놀러 오면 맞이하게 되는 곳도 마루예요. 그러니까 마루는 오늘날 아파트에서 거실과 같은 구실을 했답니다. 바깥에서 방 안으로 들어가려면 섬돌에 신발을 벗어 놓고 올라가야 했으니까, 현관 역할도 했어요.

보통 한옥에서 볼 수 있는 커다란 마루를 '대청마루'라고 하고, 집 바깥쪽으로 튀어나와 있는 마루를 '툇마루'라고 해요. 툇마루는 집 몸체와 기둥에 사이에 놓인 좁은 마루예요. 안방, 건넌방, 대청마루 등과 연결되지요. 쪽마루는 툇마루처럼 조그맣게 덧달아낸 마루인데, 툇마루와는 달리 기둥이 없어요.

상의 집이 생긴 것은 보일러 기술을 온돌에 적용하고 실내난방과 온수 사용을 할 수 있게 되면서부터랍니다. 그러니까 어찌 보면 인구 증가로 주택난을 겪고 있던 우리나라에 아파트가 널리, 그리고 빠르게 보급될 수 있었던 것은 보일러 덕택인 거죠.

고대 로마에 주상 복합 형태의 인슐라가 있었고, 15~16세기에 영국과 프랑스 등에도 아파트가 있었다는 걸 생각하면 우리나라 아파트 역사는 참 짧아요. 그런데 지금은 세계 어디에도 우리나라만큼 아파트가 발달한 나라는 없어요. 집을 불과 2층으로도 짓기 꺼리던 민족이 어떻게 초고층 높이의 아파트가 즐비한 도시를 건설하게 되었는지, 그래서 이제는 '집'이라 하면 제일 먼저 아파트를 떠올릴 정도로 익숙한 주거양식으로 만들 수 있었는지, 이제 우리나라의 경우를 살펴보기로 해요.

최초의 한국식 아파트

우리나라에 아파트라는 이름을 단 새로운 주거 양식이 등장한 때는 아직도 한국 전쟁의 상처가 곳곳에 남아있던, 1958년이에요. 우리나라 회사가 다른 나라의 도움 없이 처음 건설했고, 처음으로 집 안에 수세식 화장실을 설치한 집이었지요. 비록 설계와 자본은 다른 나라의 힘이 들어갔지만, 실제 공사는 순수 우리나라 회사인 중앙산업이 도맡아서 했어요. 서울시 성북구 종암동에 지어진 이 집의 이름은 '종암아파트'입니다. 사실 종암아파트를 우리나라 최초의 아파트라고 하면 고개를 갸웃하는 사람이 있을 수도 있어요. 왜냐하면 이 이전에도 아파트란 이름을 달고 있는 공동주택이 있었거든요. 1956년에 서울시 중구 주교동 230번지에 건설된 '중앙아파트'가 그것인데요,

이것을 우리나라 최초의 아파트로 보는 의견도 있기는 해요. 하지만 중앙아파트를 우리나라 최초의 아파트로 판단하기엔 주저되는 점이 있어요. 중앙아파트는 '중앙산업'이라는 회사가 사택 용도로 3층짜리 한 개 동에 12가구가 살 수 있게 지은, 규모가 아주 작은 건물이었거든요. 방 하나에 부엌, 화장실, 마루가 전부인 구조였죠. 이 아파트를 시작으로 차차 서울 시내에는 민간 회사들이 짓는 아파트들이 하나둘씩 생겨났지만 모두 작은 규모였어요. 그런데 종암아파트는 이들 아파트와는 차원이 달라요. 우선 규모 면에서 5층 높이 건물이 3개 동이나 돼요. 크기는 13평, 17평, 24평 정도의 소형이지만 152가구가 한꺼번에 살 수 있는 규모였고, 무엇보다 우리나라에서 이전까지는 볼 수 없던 새로운 주거 양식을 갖추고 있었어요. 그래서 우리나라 최초의 아파트는 종암아파트로 봐야 한다는 의견이 훨씬 더 많답니다.

그런데 말이에요, 처음 우리나라 사람들이 아파트와 만났을 때는 입주하

사례탐구 종암아파트

우리나라 최초의 아파트, '종암아파트'는 현재 그 모습을 찾아볼 수 없습니다. 너무 낡아서 1993년에 허물어지고 재건축되었기 때문입니다. 현재 이 자리에는 종암선경아파트가 들어서 있습니다. 하지만 1956년에 같은 회사가 지은 중앙아파트는 아직 철거되지 않고 처음 건축되었던 그 자리에 그 모습 그대로 남아 있습니다. 그렇지만 너무 낡아서 주거용으로는 사용되지 못하고 공장으로 사용되고 있답니다.

기를 무척 꺼렸다는 걸 알고 있나요? 우리나라 사람들 눈에 아파트는 마치 성냥갑을 차곡차곡 쌓아 놓은 것처럼 보였대요. 그 무렵 선보인 아파트들이 하나같이 좁았던 탓도 있지만, 높은 집에 살아본 경험이 전혀 없었기 때문이었지요. 여러분들은 성냥갑을 본 적이 있나요? 성냥갑이 마치 작은 사각형 수납 상자처럼 생겼다면 모습이 떠올려질까요? 그처럼 아파트는 늘어나는 인구를 최대한 수용하기 위해 기능성을 극도로 추구하는 주거 양식이었어요. 아파트를 처음 대하는 사람들 반응은 '김장 김칫독을 묻을 데도 없는 집에서 어떻게 살지?', '집이 공중에 떠 있잖아?' 라며 황당해했대요. 땅과 맞닿은 집이라야만 집이 앉아 있는 땅까지 온전히 내 것이라는 생각이 들 텐데, 아파트는 한정된 땅 위에 여러 채의 집을 포개 지은 형태이다 보니 온전히 내 것이 아닌 땅 위에 지은 집이라는 생각이 들어서 영 마땅치 않았던 것이죠. 그런데 오늘날 어떻게 그렇게 많은 아파트가 도시는 물론이고 농촌에까지 수두룩하게 건설될 수 있었을까요? 그것도 '살기 편한 집'이라는 찬사를 받으면서 말이에요. 대체 어떻게 된 일인지, 종암아파트가 갓 등장한 무렵으로 다시 돌아가 볼게요.

오늘날 우리나라의 아파트는 대개 현관을 들어서면 거실이 한가운데에 있고 부엌과 방들이 모두 한눈에 보이는 구조로 되어 있지요? 아파트를 설계할 때 가족중심적인 우리나라 문화와 전통가옥인 한옥의 구조를 반영했기 때문이에요. 한옥은 바깥에서 집으로 들어오면 섬돌에서 신발을 벗고 대청마루에 올라서서 안방 혹은 건넌방으로 갈 수 있는 구조잖아요? 이에 반해 다른 나라의 아파트들은 거실이나 식당 같은 공용 공간이 한쪽에 있고 개인 침실은 집 안쪽에 있어서 복도를 통해 연결되는 구조예요. 이는 개인의 사생활을 중시하는 그들 문화가 반영된 것이랍니다.

가족 중심의 문화가 반영된 집, 개인의 사생활이 중시된 집, 이 둘 중 어느 것이 낫고 어느 것이 못하다는 식의 비교는 할 수 없어요. 모두 필요에 의해서 제 나라 문화를 존중한 결과로 완성된 구조니까요. 만약 선택할 기회가 주어진다면 여러분은 어떤 집을 고르고 싶나요?

내겐 너무 낯선 집

사람들에게 환영을 받지 못하면서도 1950년대 후반부터 서울에 아파트가 건설되기 시작한 것은 역시 한국전쟁 후 일자리를 찾아 서울로 몰려온 사람들의 주택문제를 해결해야 했기 때문이에요. 저렴한 비용으로 빠르게 주택난을 해결하기 위해서는 아파트와 같이 표준화되고 규격화된 집이 제일 효율적이에요. 그런데, 정작 사람들의 반응이 시큰둥하니까 참 곤란한 일이었죠. 그래서 정부는 사람들의 생각을 바꾸려는 노력도 함께 기울여요. 이승만 대통령이 종암아파트 완공을 축하하는 자리에서 아파트에 설치된 수세식 화장실을 예로 들어가며 아파트가 얼마나 현대적이고 편리한 집인지 설명했을 정도예요. 또 **국무회의**를 하는 자리에서는 '국민이 싫어하더라도 아파트를 많이 지어야 한다'고 목소리를 높이기도 했대요. 이전까지는 아파트에 수세식 화장실이 있다 하더라도 대부분 집 밖 복도, 공동 공간에 설치되어 있었어요. 아파트 안에 공동 화장실이 설치되어 있었던 거죠. 그나마 화장실이 층마다 마련되어 있기는 했지만, 사람들이 한꺼번에 몰릴 경우에는 긴 줄을 서서 이용해야 했어요. 그런데 종암아파트는 현관에 들어서면 신발을 벗는 곳이 있고, 바로 옆에 화장실이 있었대요. 방 2개에 거실, 주방, 창고, 베란다가 있는 점은 요즘 아파트와 다를 게 없어요. 다만 침실 바닥 높이가 다른 공간보다 한 단 높은 점이 다른데, 침실에만 온돌을 깔았기 때문이래요. 거실에는 벽난로가 설치되어 있어서 우리나라와 서양의 난방 방식이 함께 쓰인 사례로 꼽히기도 하죠. 또 하나, 우리나라의 요즘 아파트들은 주로 현관에 들어서면 바로 거실로 들어서는 구조잖아요? 그런데 종암아파트는 현관에서 거실로 바로 통하는 게 아니라 복도를 거쳐 각 방과 거실 그리고 주방으로 갈 수 있는 구조였어요. 종암아파트를 설계할 때 침실 등, 가족 구성원의 사적 공간을 중시하는 유럽의 주거 양식을 그대로 받아들였기 때문이에요. 우리나라는 가족들의 사적 공간보다 대청마루와 같은 공적인 공간을 중시해요. 한옥 구조를 한번 떠올려 볼까요? 바깥에서 집으로 들어오면 우선 섬돌에서 신발을 벗고 대청마루로 올라선 뒤라야만 안방 혹은 건넌방으로 갈 수 있잖아요. 그런데 종암아파트를 건설할 때는 우리나라 한옥 구조를 반영하려는 노력이 부족했던 거지요.

아파트란 새로운 형태의 주택이 일반 사람들에게까지 널리 알려지게 된 것은 1960년대 초에요. 정부가 점점 심각해지는 주택문제를 풀지 못하면 경제개발도 이룰 수 없다고 판단하고 주택문제에 대해서 적극적으로 팔을 걷어붙이고 나선 거예요. 맨 처음 정부가 한 일은 '기업처럼 사업을 하는 방식'으로 주택 문제를 해결하는 계획을 세운 일이에요. 그래서 **공기업, '대한주택공사'**를 만들어요. 우리나라에서 처음 시행된 주택정책은 국민들에게 복지혜택을 주기 위해서라기보다 건설 산업 차원으로 시작된 것이죠. 이렇게 탄생한 대한주택공사는 좁은 국토를 효율적으로 쓰기 위해서 단독주택보다 아파트를 건설하는 데 큰 힘을 써요. 그 결과 1962년과 1964년에 걸쳐 서울 마포구 도화동, 옛 마포형무소 농장터에 '마포아파트'가 건설되지요.

▌ 마포아파트를 시작으로 국내에 아파트 단지가 건설되기 시작하였다. ⓒ국가기록원

아파트 단지의 시작

마포아파트는 우리나라 최초의 단지형 아파트라는 점에서 큰 의미가 있어요. 단지형 아파트는 오늘날 도시 농촌 할 것 없이 우리나라 전체에 널리 퍼져 있는 형태지만, 마포아파트가 건설될 당시만 해도 전혀 존재하지 않았어요. 그래서 대통령까지도 큰 관심을 보여요. 준공식에 참석한 대통령이 마포아파트가 '변화된 한국의 상징이 되기를 바란다.'라는 말을 했을 정도니까요. 사실 마포아파트를 단지형 아파트로 계획했을 때는 이전에 민간 기업들이 건설한 아파트들과는 차원이 다른 아파트로 만들겠다는 큰 꿈이 있었다고 해요. 원래는 10층 높이에 동이 11개로, 동마다 엘리베이터를 설치하고 석유를 사용하는 **중앙난방** 시스템을 갖추는 게 목표였어요. 수세식 화장실을 갖추는 것은 물론이고요. 우리나라 전통 가옥의 흔적으로 남아 있던 온돌을 없애고 서양처럼 서서 생활하기 알맞은 입식 구조로 만든다는 것도 계획 중 하나였어요. 설계만 보면 요즈음에 건설되는 아파트들과 별로 다를 게 없었지요. 그런데 실제로는 엘리베이터가 없는 6층 높이로, 동도 계획보다 한 개를 줄여 10개 동 규모로 건설해요.

아파트 높이를 6층으로 한 것은 미국이나 유럽 등 당시 선진국에서 엘리베이터가 없는 최고층 아파트가 6층이었던 것을 참고했기 때문입니다. 전기료 부담을 줄이기 위해서 난방도 연탄을 쓰는 **개별난방** 방식으로 바꾸었는데, 설계 내용이 알려지자 한 건축물에 너무 많은 자원을 쓰는 것이 아니냐는 비난이 빗발쳤기 때문이래요. 그럴 만도 한 것이 그 시절 우리나라는 사회기반 시설을 온전하게 갖추지 못한 상태라 전기는 물론이고 물도 부족한 상황이었거든요. 전기 사정이 나쁜데 왜 엘리베이터를 쓰고, 석유 한 방울 나지 않는 나라에서 왜 중앙에서 공급하는 난방을 하며, 물도 부족한 상황에 수세식 화장실을 만드느냐, 철근콘크리트 아파트보다 난민 구호 주택을 더 지어야 하는 것 아니냐, 마포아파트가 들어설 자리는 강 자갈밭이었던 곳이라 홍수가 나면 강이 범람할 수도 있고 지반도 약한데 어떻게 고층 건물을 짓겠다는 것이냐, 비난이 꼬리에 꼬리를 물었다고 합니다. 그래서 막상 완공되었을 때 정부가 기대한 것과 달리 이사 오려는 사람들이 얼마 되지 않았대요. 처음 얼마간은 입주한 가구 수가 전체의 10%도 되지 않았다죠. 석유도 나지 않는 나라에서 왜 석유 난방을 하느냐는 비판에 난방 연료를 연탄으로 바꾸었는데, 연탄가스로 사람이 죽을 수도 있다는 소문도 나돌아요. 그래서 세대 안에 동물을 가두고 실험도 하고 나중엔 책임 있는 공사관계자가 아파트에서 직접 숙박을 하고 무사하다는 걸 보여주는 해프닝도 있었다고 해요. 정부도 마포아파트를 소재로 영화를 만드는 등 홍보에 발을 벗고 나섰죠. 덕분에 입주자가 조금씩 늘어나 다음 해에는 원래 값보다 더 비싼 돈을 주고 이사 오는 사람도 생겨났다고 해요.

판자촌에서 아파트 단지로

주택 사정은 별로 나아진 게 없는데 사람들이 점점 모여들어 1960년에 245만 명이던 서울 인구가 1965년에는 347만 명에 이르렀대요. 불과 5년 사이 102만 명이 늘어난 거지요. 서울 곳곳에 무허가 판잣집이 빼곡하게 들어서, 서울의 도시계획은 '무허가 집과의 전쟁'이라는 표현이 생길 정도였지요. 서울시는 서울 시내 가난한 사람들의 주거 문제를 해결하기 위해서 서울시 외곽에 대규모 주택단지를 만들어 주민들을 이주시키고, 이들이 살았던 판자촌이 있던 자리에 대규모 시민 아파트를 건설할 계획을 세워요. 1968년에서 1971년까지 서울 시내에 시민 아파트 2,000동을 짓는 목표를 갖고서 말이에요. 덕분에 짧은 기간 동안 서울시에는 **영세민**들을 위한 시민 아파트가 곳곳에 우뚝우뚝 솟아났답니다.

혹시 실제로 판잣집을 본 적이 있는 사람이 있나요? 판잣집은 주로 어디에 많던가요? 아래의 사진에서 볼 수 있듯이, 판잣집은 외따로 홀로 있기보다 주로 높고 비탈진 곳에 빼곡하고 다닥다닥한 모습으로 모여 있어요. 판잣집을 허문 자리에 단독주택과는 비교도 안 될 만큼 높은 아파트를 무더기로 지어놓았으니, 서울은 금세 옛 모습이 사라지고 새로운 풍경으로 거듭납니다. 그렇지만 아파트에 대한 대다수 사람의 인식이 온전히 긍정적으로 바뀌지는 않았어요. 여전히 아파트는 정부가 가난한 사람들을 염두에 두고 건

▌1960년대 용산구 이촌동 인근에 조성되어 있던 판자촌의 전경. ⓒ서울사진아카이브

설한, 불편한 집이라는 인식이 강했죠. 집이 절대적으로 부족했던 때, 좁은 땅에 되도록 싸고 빨리, 그리고 많이 지으려고 하다 보니 아파트를 독특한 멋을 살려 짓는 것은 꿈도 꾸지 못해요. 그래서 아래층과 똑같이 위층을 올리고 겉모습도 옆 동과 똑같이 지을 수밖에 없었어요. 그러다 보니 아파트는 성냥갑 같다는 사람들의 편견을 쉽게 떨쳐내 주지 못했지요.

와우아파트의 비극

게다가 1970년 4월 8일에는 마포구 창전동에 5층 높이, 15개 동 규모로 지어진 와우아파트가 무너지는 끔찍한 사고가 벌어져요. 이 사고로 34명이 죽고 41명이 다쳤다고 합니다. 아파트가 비탈 아래 개인 주택까지 덮치는 바람에 사상자 중에는 아파트에 살고 있지 않은 주민도 있었어요. 그래서 아파트를 대하는 사람들의 시선에 공포심까지 보태져요. 조사 결과 아파트가 무너진 원인은 부실시공이었던 것으로 밝혀져 마포구청장, 건축사, 현장 감독, 건설회사 사장이 좌천되거나 구속되고 서울시장도 자리에서 물러났어요. 그런데도 대다수 사람은 건축 과정에서 사람이 잘못해서 아파트가 무너진 것이 아니라, 아파트라는 주거 양식 자체가 흠결이 많은 구조이기 때문이라고 생각했다지 뭐예요?

와우아파트가 무너진 일을 계기로 대한주택공사는 서민 아파트를 짓기보다 중산층을 위한 아파트를 짓는 일로 방향을 바꾸어요. 그리고 신뢰를 되찾기 위해 여의도에 고층 시범아파트를 건설하죠. 아파트 이름 앞에 '시범' 자를 붙인 까닭은 바로 그 때문이라고 해요. 1971년 10월에 착공하여 1년 만인 이듬해 가을에 12층 높이, 24개 동, 1,584가구 규모로 완공된 '여의도시범

▌ 와우 아파트의 붕괴는 대한민국 부실시공의 상징과도 같은 사건이었다. ©서울특별시 소방재난본부

아파트'는 그 시절 우리나라에서 가장 높은 아파트였어요. 우리나라 최초로 아파트에 엘리베이터가 설치됐고, 집마다 냉온수가 나오고 **라디에이터** 시설이 갖춰졌지요. 아파트 근처에 쇼핑센터, 파출소, 유치원은 물론 초중고등학교까지 있게 한 방식도 이전에는 없던 거예요. 여의도 초등학교를 졸업한 사람은 가까운 여의도 중학교에 입학할 수 있고, 여의도 중학교를 졸업한 사람은 여의도 고등학교에 진학할 수 있다는 점도 크게 작용해서, 너도나도 여의도시범아파트에서 살고 싶어 했답니다. 입주자 70% 이상이 대학졸업자라는 통계가 있을 정도로 여의도시범아파트에는 전문직에 종사하는 고학력자들이 많이 입주했대요.

여의도는 원래 서울 영등포구 여의도동에 속한 한강 사이에 있는 섬이었어요. 이곳을 서울시가 택지로 만들고 거기에 아파트를, 그것도 고층으로 짓는다니 사람들은 반신반의했지요. 그런데 결과는 대성공이었어요. 여의도 시범아파트가 생긴 뒤로 아파트는 튼튼하면서도 고급스럽다는 인식이 싹텄 을 뿐 아니라 이전까지 엄두를 내지 못했던 민간 업체들도 고층 아파트를 건 설하는 일에 팔을 걷어붙이게 됐으니까요. 지금도 여의도시범아파트는 겉모 습만으로는 현대에 지어진 고층 아파트와 크게 다름없어 보여요. 그런데, 이 아파트가 곧 사라진다고 합니다. 지은 지 40년이 다 되어 재건축할 계획이 세워진 거지요.

알아 두기

여의도라 하면 고층 건물들이 꽉 들어찬 풍경이 제일 먼저 떠오르지요. 하지 만 원래 여의도는 한강에 둘러싸인 섬이었어요. 고려 시대에는 말의 사육장으 로, 조선 시대에는 방목지로 이용됐다죠. 1916년에는 군용 비행장이 생기기도 했고, 이후에는 선거철마다 선거 유세가 벌어질 만큼 드넓은 흰모래사장이 펼 쳐져 있는 곳이었어요. 그랬던 곳이 육지가 된 것은 서울시가 세운 대규모 택 지 조성사업 덕분이에요. 서울시는 1968년 2월, 한강 한가운데에 있던 '밤섬' 을 폭파하고 거기서 나온 돌로 여의도와 한강 사이에 '윤중제'라고 이름 붙인 제방(둑)을 쌓았어요. 그러고도 남은 밤섬의 돌은 강을 매립하는 데 썼대요. 이 후 서울대교, 마포대교, 여의도대교 등이 차례로 건설되면서 지금의 여의도는 고층 건물들이 즐비하게 서 있는 육지로 거듭나게 되었답니다.

그런데, 참 이상하죠? 여전히 한강 가운데엔 밤섬이 존재하는걸요. 폭파했 던 밤섬 수면 아래에 있던 암반층에 지속해서 퇴적물이 쌓여, 사라졌던 섬이 조금씩 모래섬으로 부활했기 때문이라니, 자연의 힘은 정말 놀랍기만 합니다.

중산층을 위한 고급 주거 양식으로 거듭나다.

대한주택공사가 중산층을 위해 아파트를 짓겠다는 계획을 수립한 뒤, 아파트를 대단위로 건설하기 시작한 것은 1971년 동부이촌동 아파트 단지부터예요. 아파트 단지 안에 초등학교와 병원, 갖가지 종류의 상점, 심지어 동사무소와 같은 행정기관과 도서관도 있었어요. 요즘은 그리 놀라울 게 없지만, 그 시절로서는 대단히 놀라운 일이었어요. 단지 안에 없는 게 없어서 단지를 벗어나지 않고도 거의 모든 일상생활을 해결할 수 있을 정도였지요. 단지가 이전과 비교할 수 없을 만큼 대규모로 건설된 것도 놀라웠지만, 입주할 사람들의 계층을 구분해서 설계했다는 점도 남달랐어요. 외국인들을 위한 아파트도 있었고, 크기가 20평 정도부터 80평까지 다양해서 처지에 따라 선택할 수 있는 폭도 넓어졌어요. 아파트 전체 세대가 기름보일러로 작동되는 중앙난방 방식이어서 이전까지만 해도 연탄을 주로 사용했던 사람들에게 아파트는 더없이 편한 집이라는 인상을 줬답니다.

동부이촌동 아파트 단지 안에는 중산층을 겨냥해 건설된 50평형 크기의 아파트도 있었는데, 우리나라 최초로 견본주택을 통해 사전 분양된 아파트에요. 그 아파트에는 따로 '한강맨션아파트'라는 이름을 붙였어요. 대저택이란 이미지를 주기 위해서였다고 합니다. 당시 대한주택공사 총재가 일본 출장 중에 신문을 보다가 떠올린 이름이래요. 그 무렵 일본도 주택 사정이 우리와 크게 다르지 않아서 주택 건설 사업이 한창이었고 신문에는 주택 분양 광고가 가득한 일이 다반사였대요. 일본은 높고 고급스럽게 건설된 공동주택을 아파트라 하지 않고 '맨션'으로 구분해서 부른다고 했던 것 기억하지요? 그는 일본 신문을 가득 채운 맨션 광고들을 보면서 우리나라도 서민 아파트만 고집할 것이 아니라 주택을 다양하게 만들어서 생활 수준에 따라 선택할 수 있게 해야겠다는 생각을 했대요. 하지만 1970년대 초 우리나라엔 이런 사업을 할 만한 건설사가 없었기 때문에 대한주택공사가 하는 수밖에 없다고 판단한 것이고요. 그래서 견본주택을 만들어 선보이면서까지 대대적인 광고를 하는 판매 전략을 펼친 겁니다. 덕분에 사람들 머릿속에 충격으로 남았던 와우아파트 붕괴 사고에 대한 기억은 사라지고 아파트에 대한 이미지도 조금씩 좋게 바뀌었대요.

동부이촌동 아파트 단지는 이후 강남지역에 고층 아파트 단지가 대규모로 건설되는 데 큰 힘을 실어줘요. 1974년 대한주택공사는 서울시 강남구 반포 지역에 또다시 대규모 아파트 단지를 건설하거든요. 여기에는 22평대 작은 크기 아파트도 있었지만, 부유한 사람들을 겨냥해서 64평, 그것도 복층으로 설계했는데 이전에는 볼 수 없던 구조라 큰 관심을 받았어요. 이 아파트 단지 분양을 시작하자 엄청나게 많은 사람이 몰려들어 사려는 사람은 많은데 팔 수 있는 아파트가 부족한 상황까지 벌어져요. 그래서 3년 후부터는 '아파트 분양 추첨제도'가 생기게 된 거예요. 반포아파트 단지 건설이 성공을 이룬 것이 계기가 되어 이후 우리나라는 '아파트의 시대'가 열립니다. 그리고 그 이후로 펼쳐지는 아파트 개발 사업에 속도가 붙어요.

사실 동부이촌동을 비롯한 강남 한강변 지역에 대규모로 고층 아파트를 건설한다는 것은 예전 같으면 꿈도 꿀 수 없는 일이었어요. 그런데 이곳에 대규모로 고층 아파트가 건설될 수 있었던 것은 북한강 상류에 소양강댐 등 여러 개의 댐이 연이어 건설되었기 때문이래요. 댐과 아파트가 무슨 상관이 있을까 싶지요? 댐이 건설되기 전에는 한강 주변에 홍수가 나는 일이 빈번했는데 댐이 건설된 뒤 강 수위 조절이 가능해지면서 한강 주변 홍수 걱정을 많이 덜게 된 거예요. 반포아파트 단지 분양이 성공적으로 이루어진 뒤, 1975년부터 정부 주도하에 서울시 송파구 잠실 지역에 반포아파트 단지보다 5배나 넓은 초대형 아파트 단지가 건설됩니다. 1단지부터 5단지까지 건설된 잠실 단지는 그 이후로 서울시에 펼쳐지는 '초대형 아파트 단지'의 효시가 돼요. 그리고 우리나라가 아파트 단지 표준화 시대를 맞이하는 데 매우 중요한 역할을 하지요. 최초로 기성품 콘크리트 자재로 건축하는 기술이 쓰였고, 설계 또한 대한주택공사가 서울은 물론 그 외 지방에 건설하는 다른 아파트 단지에도 잠실 아파트 단지와 같은 설계도면을 사용했으니까요. 1단지에서 4단지까지는 높이가 5층까지인 저층이라 계단과 연탄 난방 방식이었는데, 나중에 건설된 5단지는 15층 높이의 고층 아파트였어요. 그래서 엘리베이터가 설치되고 보일러도 중앙난방 시스템을 갖추어요. 바로 이 점 때문에 우리나라 사람들은 저층보다 고층이 더 살기 편하다는 생각을 갖게 됩니다.

이 무렵, 잠실 단지에 건설된 아파트들은 2004년부터 철거되고 재건축이 시작되어 2018년 1월 현재 남아 있지는 않아요. 아직은 옛 모습을 지키고 있는 5단지도 곧 철거되고 새 아파트로 거듭날 예정이지요. 이후 아파트는 사람들의 기호와 바람에 맞추면서 진화에 진화를 거듭해요. 정부와 민간이 주도한 초대형 규모의 아파트 건설 사업이 잇달아 성공을 거두어, 한국전쟁 후 심각했던 주택난을 어느 정도 극복해 냈어요. 그 결과 아파트는 명실상부한, 우리나라의 대표적인 주거 양식으로 자리를 잡았어요. 바뀐 새 주거 양식은 사람들의 생활 방식을 변화시켰고, 도시는 물론 농촌 풍경까지 바꾸어 놓았지요. 이제는 그 누구도 아파트가 우리나라에 가장 많은 주거 양식, 대

▌ 소양강댐을 비롯한 댐들이 건설되면서 한강 주변에 안심하고 아파트 단지를 건설할 수 있게
되었다.

한민국을 대표하는 주거 양식이라는 사실을 부인할 수 없게 되었어요. 요즈
음에는 첨단 무인경비시스템은 물론이고 인공지능 기술이 발휘된 아파트들
도 건설되기에 이르렀답니다.

- 우리나라 최초의 아파트는 1958년 서울시 성북구 종암동에 건설된 '종암 아파트'이다.
- 1960년대 초, 주택난을 해결하기 위하여 우리나라 정부가 처음 한 일은 '기업처럼 사업을 하는 방식'으로 주택문제를 풀기 위하여 공기업, '대한주택공사'를 세운 일이다. 이후 대한주택공사는 2009년에 한국토지공사와 통합하여 '한국토지주택공사'가 된다.
- 우리나라 최초로 아파트 세대 안에 수세식 화장실을 설치한 아파트는 '종암아파트'다.
- 우리나라 최초의 단지형 아파트는 1962년에 서울시 마포구 도화동, 마포 형무소가 있던 자리에 건설된 '마포아파트'다.
- 대한주택공사가 중산층을 위한 아파트를 건설하겠다는 목표를 갖고 맨 처음 대규모 아파트 단지로 건설한 아파트는 '동부이촌동아파트'다.
- '동부이촌동아파트' 단지 내에 건설된 '한강맨션'은 우리나라 최초로 견본 주택을 공개하고 사전분양한 아파트이다.
- 우리나라 최초로 엘리베이터가 설치된 아파트는 1972년 완공된 '여의시범 아파트'이다.
- 우리나라 최초의 초대형 아파트 단지는 1975년부터 서울시 송파구 잠실지역에 1단지부터 5단지에 이르는 규모로 건설된 '잠실아파트 단지'이다.

이다음에 우리는
어떤 집에서 살까요?

우리는 필요에 의해서 지금 아파트에 살게 됐습니다. 그런데 아파트는 정말 우리가
마음속에서 원하는 이상적인 집일까요? 우리에게 있어서 '집'이란 어떤 의미인지, 한
번 돌이켜 생각해 봅시다.

산업화를

이루는 과정에서 세계 거의 모든 나라가 그랬듯이, 그동안 우리나라도 주택문제를 해결하기 위해 숨 가쁘게 달려왔어요. 사람들은 어서 빨리 내 집을 마련해야 한다는 생각에 늘 조급했지요. 덕분에 우리나라의 주택 사정은 예전보다 훨씬 나아졌지만, 앞만 보고 바쁘게 달려오느라 미처 챙기지 못하고 잃어버린 것들도 참 많아요. 한정된 공간에 켜켜이 쌓아 올린 집에서, 많은 사람이 한꺼번에 살다 보니 뜻하지 않은 불편을 겪기도 하고 안전에 위협을 받기도 하지요. 전혀 의도하지 않았는데 내가 남에게 피해를 주기도 하고, 때론 나 자신이 피해를 받기도 해요. 층간 소음 등으로 생기는 이웃 간 갈등도 그중 하나인데, 사는 곳이 아파트가 아니라면 겪지 않아도 되는 일이죠.

살 수만 있으면 될까?

집이 절실했던 때 좁은 땅에 적은 비용으로, 짧은 기간에 최대한 많이 건설된 아파트들은 우리나라의 주택난을 해결해 가는 데 크게 이바지했어요. 그리고 판자촌이 즐비할 만큼 가난했던 우리나라의 풍경을 잘 사는 나라의 모습으로 바꾸어 놓았어요. 그것도 불과 몇십 년 만에 말이에요. 이제는 초고층 아파트 꼭대기에 가려 큰 하늘을 보기 어려울 정도이지요. 하지만 산업화 초기에 지어진 많은 아파트들이 이제는 차례차례 도시의 흉물로 변해가고 있는 걸 지켜봐야 하는 일이 생겨나고 있어요. 그래서 지은 지 오래되어 낡고 불편해진 아파트를 허물고, 그 자리에 새 아파트를 지어야 하는 숙제를 안고 있지요.

이런 상황에 놓인 곳은 우리보다 일찍 아파트 전성시대를 누린 프랑스도 예외가 아니에요. 몇 차례 말했듯이 프랑스는 도시형성의 역사가 잘 간직되어 있다고 믿기 때문에 오래된 아파트에 대한 애정이 남다른 나라에요. 그래서 프랑스 파리에는 지은 지 수백 년 된 아파트들이 아직도 온전하게 많이 남아 있어요. 사람들은 역사를 품고 있는 오래된 아파트에 사는 걸 기쁘게 받아들이죠. 집이라는 공간 속에서 오래된 시간과 함께 살고 있다는 뿌듯함을 느끼기 때문이래요. 우리나라에서는 아파트 수명이 30년도 채 못 가는 경우가 많은데, 지은 지 몇백 년에 이르는 아파트들이 오늘날 프랑스 대도시에 존재라는 이유가 바로 그것이에요. 그렇지만 이런 프랑스라고 해서 오래된 아파트를 허물고 다시 지어야 하는 걱정이 전혀 없는 것은 아니랍니다. 프랑스도 1960년에서 1970년대 사이에 건설한 대단지 아파트들은 사정이 달라요. 도시계획에 따라 건설된 그 시기 아파트가 이제는 대부분 빈민 차지가 되어 때로 폭력사태가 일어나기도 하는 등, 위험천만한 슬럼 지역의 상징이 되었거든요. 한 예를 들어 볼까요? 1971년, 파리 근처에 있는 '라 그랑드 보른'은 '아이들을 위한 도시'라는 구호를 내걸고 넓은 녹지와 주차장을 갖추고 건설된 대단지 아파트에요. 그런데 건축가였던 에밀 아이오의 의도와 달리 지금은 전혀 다른 모습이 되고 말았어요. 안전성과 녹지 공간을 강조하다 보니 다른 도시들과 자유롭게 넘나들 수 있는 도로가 부족해졌고, 아파트 단지는 닫히고 막힌 공간이 되고 만 거죠. 견디지 못한 사람들이 하나둘 이곳을 떠나, 이제는 다른 곳으로 이주하지 못한 사람만 남아 슬럼 지역이란 눈총을 받고 있어요. 그래서 프랑스도 지나치게 새로운 것과 편리함만을 추구했던 걸 반성하기 시작합니다. 이제라도 도시가 정감 있던 옛 모습을 되찾기 위해 노력하게 되었지요. 낡은 아파트를 허물고 새로 짓더라도 오랜 시간을 지켜온 도시 풍경만은 거스르지 않도록 한대요. 새 아파트를 건설하면서도 주변의 오래된 아파트들과 조화를 이루도록 하는 것을 무엇보다 중요하게 생각하는 거예요. 요즈음 이런 노력을 기울이기 시작한 것은 비단 프랑스뿐 아니라 다른 유럽 국가들도 마찬가지지요.

그런데 우리나라는 어떤가요? 우리나라에서는 오래전부터 대단위로 건설

▐ '아이들을 위한 도시'라는 기치를 내걸고 조성된 프랑스 에손주의 아파트 단지 라 그랑드 보른. 지금은 절도, 폭행 등 각종 폭력 범죄의 온상이 되고 있다.

된 아파트들은 편리함과 부를 가져다주는 자산이라는 인식이 강하게 자리 잡고 있어요. 그래서 예전에 나지막하게 건설된 대단지 아파트들은 재건축 시기가 되면 앞으로 더 넓고 높게 건설되어, 더 많은 부를 가져다줄 거라는 기대를 한 몸에 받지요. 어서 빨리 허물고 새 아파트로 거듭나기를 바라는 기원도 쏟아져요. 실제로 1960년대에 지어진 아파트들은 현재 모두 모습을 감추고, 옛 아파트가 서 있던 자리에는 어김없이 초고층 높이의 대단지 아파트들이 화려하게 재건축되었어요. 이제는 1970년대 이후에 건설된 아파트들이 차례로 모습을 감추고 새롭게 거듭날 준비를 하고 있고요. 도시의 주택 문제는 여전히 정부의 숙제로 남아 있고 사람들은 이전보다 더 나은 환경에서 살게 되기를 간절히 바라고 있기도 해요.

우리가 살고 싶은 집

그런데 말이에요, 알고 있나요? 아파트에서 사는 대부분의 사람이 꿈꾸고 있는 집은 마치 거대한 기계가 찍어내는 것처럼 수백, 수천, 수만 개로 똑같이 건설되는 집이 아니랍니다. 얼마 전 모 방송 프로그램에서 서울의 한 아파트 단지에 사는 사람들을 대상으로 '내가 살고 싶은 집 그리기' 프로젝트를 실시한 적 있어요. 프로젝트에 참가한 사람들은 다양한 연령과 직업을 가진 아파트 주민들이었는데, 결과물 중에는 정말 인상적인 그림이 많았어요. 마당이 있는 집을 그린 사람이 있는가 하면, 식구마다 방을 하나씩 차지해도 좋을 만큼 넓은 집을 그린 사람도 있고, 지붕에 기와를 얹은 한옥을 그린 사람도 있고, 누구의 방해도 받지 않을 수 있는 밀폐된 공간을 그린 어린이, 동화에 나오는 성처럼 생긴 집을 그린 어린이, 곳곳에 CCTV가 설치된

■ '내가 살고 싶은 집 그리기'를 하면
아이들은 어떤 그림을 그릴까?

집을 그린 어린이, 심지어 엄마 아빠가 부부싸움을 하는 방이 따로 있는 집을 그린 어린이도 있었어요. 그렇지만 초고층 높이의 아파트를 그린 사람은 거의 없었답니다. 눈치챘겠지만 프로젝트를 벌인 취지는 어떤 집이 좋은 집이고 어떤 집이 나쁜 집인지를 가르기 위해서가 아니에요. 현재 아파트에 사는 대다수의 사람이 진짜 살고 싶어 하는 집은 무엇인가를 알아보려는 것이었지요. 같은 아파트, 같은 구조를 가진 공간에 살고 있는 100명의 사람들이 그려 낸 '내가 살고 싶은 집' 그림 속에는 놀랍게도 같은 모양 집 그림이 한 장도 없었답니다. 심지어 한 집에 같이 사는 식구끼리도 전혀 다른 모양 집

전문가 의견

집이란 오래된 가옥이고 오래된 이웃이며, 고향이고 조국이다.

– 이 푸 투안

을 그려 냈어요. 한 가족이 같은 공간에 살고 있으면서도 서로 다른 공간을 간절히 원하며 살고 있었던 거예요.

또다시 우리나라는 여러 각도로 도시 풍경을 바꾸려는 노력하고 있어요. 또 한 번 풍경이 달라지기까지 또 많은 일이 일어나겠죠? 이제까지는 산업화에 떠밀려 '싸고, 빠르게, 많이' 짓는 일에 공을 들였다면 앞으로는 되도록 사람들의 바람이 담긴 집을 짓는 데 마음 기울여야 하지 않을까요? 또 고급스럽고 화려한 아파트를 건설하는 데만 골몰하느라 주변 풍경을 거스르는 일도 일어나지 않았으면 좋겠어요.

집은 우리의 몸을 안아주고 일상을 담아주는 삶의 터전이에요. 그래서 집

▌아파트가 정말 우리가 살고 싶은 이상적인 주거 양식일까?

생각해 보기

▎재개발 논의가 진행되고 있는 백사마을은 서울에 마지막 남은 달동네다. ⓒ연합뉴스

서울 노원구 중계동에 있는 '백사마을'은 서울에 남아있는 마지막 달동네예요. 그래서 서울 그 어느 곳에서도 보기 힘든 풍경이 마을 곳곳에 남아 있지요. 작은 시골 마을에나 있을법한 구멍가게도, 겨울철이면 집 앞에 연탄재가 수북하게 쌓여 있는 모습도, 비탈진 길모퉁이를 돌아가면 어떤 풍경이 펼쳐질까, 걷는 이에게 끊임없이 호기심을 안겨주는 좁고 정겨운 골목길도, 이곳에 가면 볼 수 있어요. 곳곳에 이 마을의 역사와 주민들의 삶이 오롯이 배어 있지요.

곧 사라지게 되는 풍경에 대한 아쉬움 때문일까요? 요즈음 이곳에 많은 사람의 관심이 쏟아지고 있어요. 특히 학자들의 관심이 크대요. 곧 이뤄질 이곳의 재개발이 이제까지 한 번도 시도하지 않은 방식으로 시작될 계획이기 때문이래요. 원래부터 있던 집들과 새로 건설될 아파트가 공존하는 방식으로 말이에요. 만약, 정말 그렇게 될 수 있다면 이곳은 우리나라에서 보기 드물게 '새로운 것들 속에서 옛 시간의 흔적도 함께 만날 수 있는 곳'이 될 수 있겠죠?

마다 서로 다른 이야기가 쌓이고, 쌓인 이야기들이 엮여 사회 전체를 아우르는 문화로 피어나지요. 시간이 쌓이면 먼 훗날 인류의 역사가 되기도 해요.

잠시 책장을 덮고 생각해 봐요. 지금 내가 사는 집은 나에게 어떤 의미가 있을까요? 내가 사는 동네에는 어떤 이야기가 전해 올까요? 이다음에 나는 어떤 집에서 살게 될까요? 이제 우리도 한번 '내가 살고 싶은 집' 그림을 그려 보는 건 어떨까요?

간추려 보기

- 근현대에는 주거 문제를 급히 해결하기 위해 앞다투어 아파트를 건설했다.
- 프랑스의 '라 그랑드 보른' 단지와 같이, 기존에 조성된 아파트 단지에서 사회문제가 불거지는 경우가 있다.
- 현재 아파트에 사는 사람들도 마음속으로는 '진짜 살고 싶은 집'을 달리 가지고 있는 경우가 많다.
- 집은 그저 몸을 뉘이는 상자가 아니라, 삶과 유기적으로 조응하는 문화 그 자체다.

용어 설명

개별난방 각 장소에 마련된 보일러를 통해서 개별적으로 열을 공급하는 난방 방식.

격자형 두 개의 평행선이 수직과 수평으로 서로 교차하면서 만들어내는 무늬

공기업 국가 또는 지방자치단체의 자본으로 운영되는 기업.

국무회의 정부 권한에 속하는 중요 정책을 심의하는 우리나라의 최고 정책심의 기관. 대통령 및 국무총리와 15명 이상 30명 이하의 국무위원으로 구성되고, 대통령은 국무회의의 의장이 되며 국무총리는 부의장이 된다.

근대건축국제회의 1928년 6월 28일 스위스 라 사르에서 근대 건축가들이 관계를 맺어 국제적으로 통합할 목적을 갖고 설립한 기구.

근대건축운동 1차 세계대전이 끝난 뒤 19세기 이전의 건축 양식을 비판하고 시민혁명과 산업혁명 이후의 사회 현실에 맞는 건축을 하려했던 움직임을 의미한다. 독일의 루트비히 미스 반 데어 로에,

발터 그로피우스, 미국의 프랭크 로이드 라이트 등의 건축가가 이끌어 나갔다.

기원 예수가 태어난 해를 미루어 가늠한 해. 기원을 기준으로 기원전과 기원후를 구분한다.

나일강 적도 근처에서 시작되어 지중해에까지 흐르는 강. 총길이가 6,671km로, 세계에서 두 번째로 긴 강이다.

농노 봉건제 아래에서, 신분제 상으로는 평민에 해당하지만 영주를 위시한 귀족 계급에게 실질적으로 예속되어 각종 부역과 납세를 담당했던 계급.

대지건물비율 주어진 땅에 앉힌 건물이 가장 넓게 차지한 바닥 면적의 비율. 예를 들자면 주어진 땅 면적이 100m2이고 최대 건축 바닥 면적이 30m2이라면 이 건물의 대지건물비율은 30%가 된다. 과거에는 건폐율이라고도 불렸다.

대한주택공사 주택을 건설·공급·관리하는 공기업. 2009년에 한국토지공사와 통합하여 '한국토지주택공사'가 되었다.

라디에이터 연료를 연소시켜 얻은 수증기나 온수의 열로 공기를 따뜻하게 하는 난방 장치.

르네상스 14~16세기에 유럽에서 일어난 그리스 · 로마의 고전 문예 부흥운동.

맨션 원래는 큰 저택을 의미하는 단어.

바우하우스 독일의 건축가 발터 그로피우스가 예술 · 과학 · 기술의 종합을 목적으로 바이마르에 있는 미술학교와 공예학교를 합쳐 만든 조형 학교.

발코니 2층 이상 주택 건물인 경우 거실을 연장하기 위하여 아래층 지붕을 난간으로 막아 밖으로 튀어나오게 만든 공간.

부르주아 중세 유럽에서 도시에 거주하는 중산 계급의 시민을 이르는 말. 근현대에 이르러서는 자본가 계급을 지칭하기도 한다.

산업혁명 18세기 중반부터 19세기 초반까지 영국에서 기술이 혁신을 이룸으로써 일어난 사회 · 경제 등의 큰 변화를 통틀어 일컫는 말.

스핑크스 왕의 무덤을 수호해줄 것이라는 믿음으로 피라미드와 함께 건설된 거대한 석상. 사자 몸뚱이에 머리는 두건을 쓴 왕의 얼굴을 형상화했다.

슬럼 도시에서 가난한 사람들이 많이 모여 살거나 주거 환경이 나쁜 지역을 일컫는 말.

시민혁명 1789년 프랑스에서 일어난 혁명으로, 산업혁명과 함께 유럽에서 일어난 두 가지 위대한 혁명으로 꼽힌다. 부르주아 혁명이라고도 하며, 시민이 중심이 되어 왕이나 귀족들에 의해 이뤄지던 제도를 없애고 법률상 자유 · 평등한 시민 계급이 지배하는 사회를 만들기 위해 일으켰다.

아랍 세계 아랍어를 주로 쓰는 지역을 말한다. 아프리카의 북서쪽 해안에서 아라비아 반도까지 이어진다.

아편전쟁 영국이 무역적자를 줄이기 위하여 인도산 아편을 중국에 몰래 판매한 일이 계기가 되어 영국과 중국 사이에 일어난 전쟁. 중국은 이 전쟁에서 패배해서 난징조약을 맺고, 1997년까지 홍콩의 주권을 영국에게 넘겨주어야 했다.

영세민 소득이 적어, 국가나 기관이 도움을 필요로 하는 사람. 생활보호대상자라고도 한다.

오일쇼크 유류파동이라고도 한다. 석유의 공급 부족과 석유 가격 폭등으로 세계 경제가 큰 혼란과 어려움을 겪었으며, 1973년과 1978년에 두 차례에 걸쳐 일어났다.

온돌 아궁이에 불을 때서 열기가 방 밑을 지나 굴뚝으로 나가게 해서 방바닥 전체를 덥히는 난방 장치.

용적률 주어진 대지 면적에 각 층 바닥면적을 모두 합한 넓이의 비율. 주어진 대지가 100m²일 때 1층에 50m², 2층에 50mm², 3층에 50m²을 지었다면, 이 건물의 용적률은 총 150%가 된다.

유네스코 교육·과학·문화의 보급 및 교류를 통하여 국가 간 협력을 높일 목적으로 설립된 국제연합전문기구.

이슬람 세계 무슬림 세계라고도 한다. 이슬람의 신앙을 실천하는 무슬림이 사회의 중심이 되는 지역을 말한다.

이주 원래 살던 곳에서 다른 곳으로 옮긴다는 의미.

인클로저 운동 목축업의 자본주의화를 위한 경작지 몰수를 말한다. 산업혁명 때 영국에서 판매용 곡물 혹은 양을 키우기 위해 농지에 울타리를 세우고 농사를 지어 농민들은 공장들이 많이 세워진 도시로 내몰리게 되고 도시의 하층 노동자로 일하게 된다.

일조권 햇볕을 쬘 수 있는 권리.

일조량 햇볕이 내리 쬐는 양.

적층형 주택 여러 층이 포개진 형태의 주택. 아파트가 대표적이다.

조망권 먼 곳을 바라볼 수 있는 권리.

주상 복합 아파트 거주하기 위한 공간과 상업 활동을 위한 공간이 함께 섞여 있는 아파트.

중앙난방 보일러 하나에서 만들어진 열을 건물 안 여러 곳으로 공급하는 난방 방식.

콘도미니엄 객실 단위로 분양하는 숙박시설. 산 사람이 사용하지 않는 동안에는 관리 회사에 운영을 맡기고 임대료로 수입의 일부를 받는다.

콜레라 아프리카 등 적도 지방에서 흔히 발생하는 전염병. 감염되면 설사와 탈수 증세를 보인다.

테라스 실내에서 직접 밖으로 나갈 수 있
　　　　도록 이어진 공간. 현대에 들어서는 지
　　　　형을 이용해 앞 집의 천장을 자신의 테
　　　　라스로 사용하는 형태로 건축뇌기도
　　　　한다.

파라오 고대 이집트를 통치하던 최고 권력
　　　　자를 이르던 명칭. 파라오는 절대 권력
　　　　을 행사하며 정치적으로는 물론 종교
　　　　적인 지도자 역할을 겸했다.

페스트 흑사병이라고도 한다. 본래 야생
　　　　설치류의 돌림병이지만 시궁쥐 등을
　　　　감염원으로 인간에게 전염된다. 중세
　　　　유럽에서는 페스트의 유행으로 최소
　　　　7500만 명에서 최대 2억 명에 이르는
　　　　사람이 사망한 것으로 추정된다.

피라미드 넓은 밑면과 하나의 꼭짓점 형태
　　　　의 건축물의 총칭. 대표적인 것은 이집
　　　　트 기자에 건설된 거대한 무덤건축물
　　　　로, 세계의 7대 불가사의 중 하나로 꼽
　　　　힌다.

핵가족 한 쌍의 부부와 그들의 미혼 자녀
　　　　만으로 이루어진 가족. 미국의 인류학
　　　　자 머독이 인류 사회에 보편적으로 존
　　　　재한다고 주장하며 제시한 개념이다.

연표

기원전	2560년	146m의 높이를 자랑하는 쿠푸왕의 대 피라미드가 건설되었다.
기원후		
	64년	로마에서 대화재 사건이 일어나, 로마 시내를 통째로 재정비했다.
	861년	나일강의 수위를 측정하기 위해 카이로에 나일로미터를 지었다.
	1765년	제임스 와트가 새로운 증기기관을 발명하면서 영국에서 산업혁명이 시작되었다.
	1789년	시민혁명의 발발로 부르주아가 사회의 주도세력으로 떠올랐다.
	1853년	뉴욕국제박람회에서 엘리베이터의 시작품이 공개되었다.
	1853년	나폴레옹3세의 지시로 오스만 남작의 주도하에 파리 개조 사업이 시작되었다.
	1913년	르 코르뷔지에가 도미노 시스템을 고안하였다.
	1928년	근대건축국제회의가 설립되어, 표준화된 주택이라고 하는 이념이 널리 퍼져나갔다.

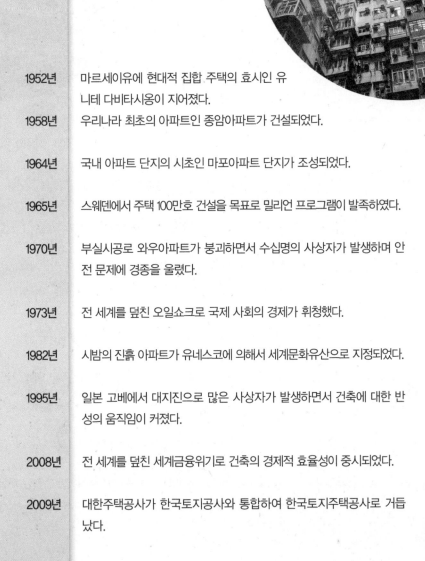

1952년	마르세이유에 현대적 집합 주택의 효시인 유니테 다비타시옹이 지어졌다.
1958년	우리나라 최초의 아파트인 종암아파트가 건설되었다.
1964년	국내 아파트 단지의 시초인 마포아파트 단지가 조성되었다.
1965년	스웨덴에서 주택 100만호 건설을 목표로 밀리언 프로그램이 발족하였다.
1970년	부실시공로 와우아파트가 붕괴하면서 수십명의 사상자가 발생하며 안전 문제에 경종을 울렸다.
1973년	전 세계를 덮친 오일쇼크로 국제 사회의 경제가 휘청했다.
1982년	시밤의 진흙 아파트가 유네스코에 의해서 세계문화유산으로 지정되었다.
1995년	일본 고베에서 대지진으로 많은 사상자가 발생하면서 건축에 대한 반성의 움직임이 커졌다.
2008년	전 세계를 덮친 세계금융위기로 건축의 경제적 효율성이 중시되었다.
2009년	대한주택공사가 한국토지공사와 통합하여 한국토지주택공사로 거듭났다.

더 알아보기

대한건축사협회 http://www.kira.or.kr/
건축사의 품위보전과 권익증진 나아가 건축문화의 발전과 공익에 이바지하기 위해
설립된 단체이다. 건축문화 발전을 위하여 매년 국토교통부와 협력해 건축문화대상
을 선정하고 시상하고 있다.

르 코르뷔지에 재단 http://www.fondationlecorbusier.fr/
1968년에 설립된 재단. 르 코르뷔지에가 남긴 작품이나 메모, 원고를 비롯한 다양
한 유산을 전시나 출판물, 영화 등의 다양한 수단을 통해서 대중에게 알리고 보존
하기 위해 설립되었다. 르 코르뷔지에의 생산물을 홍보하면서 저작권의 관리를 맡
고 있다.

서울디자인재단 http://www.seouldesign.or.kr/
서울특별시가 디자인 산업 발전을 목적으로 출연한 기관으로, 2008년에 출범하였
다. 동대문디자인플라자를 중심으로, 서울시의 디자인 산업 및 문화 확산에 필요한
사업을 수행한다. 서울의 도시·건축 현안부터 세계 도시의 다양한 이슈를 연구하
고, 이에 대한 디자인적·정책적 담론을 생성하여 널리 소통하기 위해 서울도시건축
비엔날레를 운영하고 있다.

한국건축가협회 https://www.kia.or.kr:8446/

1957년 창설되었다. 건축가를 양성하고, 권익을 보호한다. 또한 국제건축가연맹의 가맹기구로서 국가를 대표해, 건축과 관련된 지식이나 경험 등의 정보를 국내외 교류를 통해 공유하고 사회 공익에 이바지함을 목적으로 하고 있다.

한국토지주택공사 https://www.lh.or.kr/

우리나라 국민의 주거안정을 실현하고 국토를 효율적으로 이용하기 위해 설립된 공기업. 2009년에 한국토지공사와 대한주택공사를 합병하여 출범하였으며, 혁신도시, 기업도시, 행정중심복합도시, 수도권 신도시, 지방 재개발 사업, 주거복지, 행복주택, 역세권개발사업, 북한개발사업 등 다양한 사업을 관장하고 있다.

참고 자료

도서

《르 코르뷔지에, 건축가의 길을 말해줘》   이재인, 토토북

《아파트와 바꾼 집》   박철수, 박인석, 동녘

《아파트에 미치다》   전상인, 이숲

《우리가 살아온 집, 우리가 살아갈 집》   서윤영, 역사비평사

《사람을 닮은 집, 세상을 담은 집》   서윤영, 서해문집

《고대 로마인의 24시간》   알베르토 안젤라, 까치

《도시 주거 형성의 역사》   손세관, 열화당

《카이로》   맥스 로덴벡, 루비박스

《유럽의 주택》   임석재, 북하우스

《복지국가 스웨덴 : 국민의 집으로 가는 길》   신필균, 후마니타스

《공부가 되는 세계사 2 중세》   글공작소, 아름다운 사람들

《공부가 되는 세계사 3 근현대사》   글공작소, 아름다운 사람들

《러시아 역사》   문명식편역, 신아사

《러시아 역사 다이제스트 100》   이무열, 가람기획

《아파트 공화국》   발레리 줄레조, 후마니타스

《교양인을 위한 세계사》   김윤태, 책과함께

《로빈슨 크루소가 건축가라고?》   김홍기, 비룡소

논문

이탈리아 도시 주거의 역사적 계보에 관한 연구(2004)   손세관

방송

〈다큐 프라임 - 아파트 중독〉   EBS

〈세계테마기행 나일강의 선물, 이집트 1부 - 산 자와 죽은 자의 도시, 카이로〉   EBS

기사

〈주거문화 바꾼 아파트 「대명사」〉   동아일보, 1995년 5월 26일.

찾아보기

ㄱ

공동주택 19, 21, 35, 45, 57,
　67, 74, 78, 90
공우 76

ㄴ

나일강 25, 32
녹지 54, 58, 67, 72, 80, 82,
　101

ㄷ

대지건물비율 81, 84
도무스 15, 54
도미노 53, 55, 66
독일 52, 65, 67, 83

ㄹ

로마 13, 18, 21, 27, 35, 54
르네상스 35
르 코르뷔지에 51, 53, 56,
　60, 65, 66

ㅁ

맨션 73, 76, 103
미국 31, 68, 70, 73, 83, 96

ㅂ

부르주아 36, 39
부실시공 75, 99, 100,
빌라 9, 75

ㅅ

산업혁명 40, 43, 46, 51,
　57, 65, 69, 77
스웨덴 79, 80, 81, 84
시민혁명 36, 39, 40, 69

ㅇ

엘리베이터 15, 39, 68, 70,
　83, 96, 100
영국 7, 39~48, 69, 72, 73,
　77, 87, 90
오스만 37
온돌 81, 87, 88, 89, 90,
　94, 96
용적률 81, 82, 84
인슐라 9, 15~18, 20~22,
　35, 54, 90
일본 8, 9, 40, 73~75, 76,
　102, 103

ㅈ

주상 복합 아파트 15, 22
중국 7, 76, 77, 78, 79, 81

ㅋ

카이로 27, 28, 32
콘도미니엄 8, 73, 75
콘크리트 18, 56, 60, 66,
　76, 81, 84, 97, 104

ㅌ

테라스 45, 47, 57, 60

ㅍ

파리 36, 37, 38, 39, 45,
　48, 57, 69, 110
프랑스 9, 35~37, 39, 40,
　44, 45, 46, 48, 51, 52,
　59, 60, 62, 73, 87, 90,
　110, 111, 116
피라미드 25, 28, 29, 31

ㅎ

홍콩 81, 82, 84

내인생의책은 한 권의 책을 만들 때마다
우리 아이들이 나중에 자라 이 책이 '내 인생의 책'이라고 말할 수 있는 책을 만들고자 합니다.

세상에 대하여 우리가 더 잘 알아야 할 교양
⑥² 아파트 왜 여기에 살까?

남궁담 지음

초판 인쇄일 2018년 7월 26일 | 초판 발행일 2018년 8월 6일
펴낸이 조기룡 | 펴낸곳 내인생의책 | 등록번호 제10-2315호
주소 서울시 서초구 나루터로 60 정원빌딩 A동 4층
전화 (02) 335-0449, 335-0445(편집) | 팩스 (02) 6499-1165

ISBN 979-11-5723-415-8 (44300)
        979-11-5723-416-5 (세트)

책값은 뒤표지에 있습니다. 잘못된 책은 구입처에서 바꾸어 드립니다.

이 도서의 국립중앙도서관 출판시도서목록(CIP)은 e-CIP 홈페이지(http://www.ml.go.kr/ecip)에서 이용하실 수 있습니다.
(CIP제어번호:2018023197)

내인생의책에서는 참신한 발상, 따뜻한 시선을 가진 원고를 기다리고 있습니다. 원고는 내인생의책
전자우편이나 홈카페를 이용해 보내 주세요. 여러분의 소중한 경험과 지식을 나누세요.

전자우편 bookinmylife@naver.com | **홈카페** http://cafe.naver.com/thebookinmylife

어린이제품안전특별법에 의한 제품 표시

제조자명 내인생의책 | **제조년월** 2018년 7월 | **제조국** 대한민국 | **사용연령** 5세 이상 어린이 제품
주소 및 연락처 서울시 서초구 나루터로 60 정원빌딩 A동 4층 (02) 335-0449 | **담당 편집자** 최창문